大家小小书
篆刻　程方平

新编历史小丛书

周公

徐刚 著

北京出版集团
北京人民出版社

目　　录

周公

一、圣人周公

我们中国的传统文化，推崇“圣人”。圣人本来只是指那些非常聪明的人，但是在孔子之后，圣人慢慢被用来特指那些不但非常聪明，而且能够以自身的高尚道德，建功立业，造福苍生；或立言垂范，泽被万世的伟大人物。当然，古人不叫“伟大人物”，他们称之为“得道者”。所谓“得道者”，简单说来，就是洞悉了宇宙人生的基本原理，并能身体力行，影响天下万民的人。这样的“得道者”，当然是少之又少，儒家盛称的是尧、舜、禹、汤、文王、武王、周公、孔子这些人。这条线索，被认为是中国古代传统文化之精髓的传承谱系，也就是儒家所谓的“道统”。在这个道统里面，孔子是最后一位圣人，事实上，他就是这个道统的构建人。

今天能够确认的，我国有文字记载的历史，是从商朝后期，大约公元前13世纪的甲骨文开始

周文王

周武王

的。在此之前的历史，严格说来，还处于传说时代。因此，在这个道统谱系中，真正进入了历史时期的，有确凿的历史材料可考其事迹的“圣人”，实际上只有西周初年的文王、武王、周公和春秋时代的孔子。

孔子的光环太耀眼。孔子的弟子宰我说：“以予观于夫子，贤于尧舜远矣。”有若说：“自生民以来，未有盛于孔子也。”（《孟子·公孙丑上》）汉武帝“罢黜百家，独尊儒术”之后，孔子就像一座大山，我们从后往前看，似乎没有比他更高的山，以至于宋人有“天不生仲尼，万古如长夜”之说。然而，如果我们真的站在孔子这座大山的顶上眺望，我们完全不用惊讶，有另外一座大山，也许比孔子更高，远

周公

孔子

远地矗立在历史的地平线上，我们只不过是被孔子这座山挡住了视线。

这座山就是周公。

周公也是孔子的“偶像”，他是西周王朝最重要的开创者之一。孔子一生都在寻找一个机会，可以让他建立一个跟西周王朝相媲美的理想国，他称之为“东周”。《论语·阳货》说：

> 公山弗扰以费畔，召，子欲往。子路不说，曰：“末之也已，何必公山氏之之也？”子曰：“夫召我者而岂徒哉？如有用我者，吾其为东周乎？”

没有比“东周”这个词更能体现孔子理想的了。

孔子甚至经常做梦梦见周公，《论语·述而》云：

> 子曰："甚矣吾衰也！久矣吾不复梦见周公！"

让圣人孔子都如此魂牵梦萦的周公，到底具有什么样的魅力呢？

说起来也简单。周公一生的事业，就是协助建立了西周王朝。但是从夏商周到元明清，中国古代的王朝不停地更迭，周朝也不过是其中之一而已，周公与文王、武王一起灭商兴周，又有什么了不起呢？

的确，从秦到清，古代王朝的更迭，基本上就是换了一个家族统治而已，中国社会结构非常稳定，谁做皇上，对于普通民众来说并无太大意义，每一次政权"革命"，只不过是暂时缓和一下社会矛盾而已。

但是周人克商，建立西周王朝，其意义却与后世的王朝更替有本质上的不同。这是我国历史上第一次从以神为中心的巫史时代进入以民为本的人文时代，第一次从弱肉强食的丛林法则时代进入以道德为最高统治原则的文明时代，第一次从暴殄资源到懂得理性节制；人的生命相对来说得到前所未有的尊重，人的理性和智慧逐渐成为社会竞争的主流。商周鼎革，是中国社会的一次深刻变革；西周的立国思想，是中国文明的一次根本性突破。西周的政治伦理，奠定了此后中国政治文明的基本原则与精神，具有深远的影响。正是基于这样的历史背景，周公的伟大才凸显出来。周公不仅仅是一位杰出的政治家，更是我国历史上最伟大的文化英雄之一。

真正杰出的政治家，必然也是一位文化英雄。倘若一位政治家，他的所作所为，不能够成为民族文化中光明进步的一部分，那无论他当时多么叱咤风云，又与粪蛆何异呢？只增笑尔。

二、商末周初的中国社会

我国文明演进到商代，已经是一个非常成熟的文明社会。商代是一个强大的国家，拥有完整的国家制度。诸侯国众多，以城市为中心，星罗棋布。青铜礼器精美豪华，气魄雄浑。甲骨文无可争议地表明，其文字体系已经非常成熟，可以自由地记录当时的语言。而且，从考古发现来看，商王朝的影响力，东到海边的夷族，西到陕西渭水流域，北到今天北京附近的易水流域，南至长江沿岸。其强大的经济、军事能力，在当时的世界罕有其匹。

然而，商朝统治阶级的观念和行为却并未进入到文明理性的时代。统治阶级穷奢极欲，社会资源被极度浪费，甲骨文显示商人的祭祀用大量的动物，用牲的数目动辄三百四百以上。[①]在祭祀的时候，还经常用人牲，尤其是把俘虏杀了献祭。甲骨文中经常见到跟商人作战的羌人被用来作为人牲，一次祭祀杀十名美人是常见的。考古还发现，商朝统治阶级还大量使用野蛮的人殉。例如在安阳殷墟的王陵区，被杀殉葬的人数多达五千人，在其他地区的商代墓葬中，也到处可见。人牲和人殉的大量存在，证明商王朝还处在非常野蛮的阶段。

毫无疑问，周人改变了商人杀伐酷烈的习俗。除了武王克商之时有过人牲和大规模的动物祭祀之外[②]，在周代，尤其是周公以后，像商代那样的人牲，以及祭祀时杀戮动物的庞大数量，基本不见。周代偶尔也有杀人殉葬的，但那已是极个别现象，而且为当时人所不齿。《诗经·秦风》有一篇《黄鸟》诗，说秦穆公死后，以子车氏的三位贤大夫奄息、仲行、针虎陪葬，国人哀之，云："如可赎兮，人百其身！"诗中充满痛惜之情。《左传·文公六年》有一段评论：

> 君子曰：秦穆之不为盟主也宜哉！死而弃民。先王违世，犹诒之法，而况夺之善人乎？《诗》云："人之云亡，邦国殄瘁。"无善人之谓。若之何夺之？

《宣公十五年》记载了一个很特别的故事。秦晋在辅氏这个地方交战，晋国的大夫魏颗打败了秦师，俘虏了秦国的大力士杜回：

> 初，魏武子（魏颗之父）有嬖妾，无子。武子疾，命颗曰："必嫁是。"疾病，则曰："必以为殉！"及卒，颗嫁之，曰："疾病则乱，吾从其治也。"及辅氏之役，颗见老人结草以亢杜回，杜回踬而颠，故获之。夜梦之曰："余，而所嫁妇人之父也。尔用先人之治命，余是以报。"

这个充满人情味的故事，虽然有点巫术色彩，但是凸显了人类的基本伦理，鲜明地反对殉葬。

周人的刑法也比商人开明。《尚书·泰誓》说商王纣"罪人以族"；周公讲德，要求周人的法官"明德慎罚"。《左传·昭公二十年》齐人苑何忌引《尚书·康诰》曰，"父子兄弟，罪不相及"，这是废除连坐之法。

《礼记·表记》说："殷人尊神，率民以事神，先鬼而后礼。"从甲骨文的内容看起来，这一点也不夸张。甲骨文占卜的内容涉及社会生活的各个方面：大到要不要祭祀，什么时候祭祀，会不会发生战争，军队有没有灾祸，天会不会下雨，农业有没有收成；小到生男孩还是女孩，牙疼耳鸣，做梦，一旬之内会不会有麻烦，等等，几乎无事不卜。

商王以太阳神自居。在商人的神话中，他们的祖先是帝俊。帝俊是太阳的父亲。《山海经·大荒南经》云："东南海之外，甘水之间，有羲和之国，有女子名曰羲和，方日浴于甘渊。羲和者，帝俊之妻，生十日。"帝俊在甲骨文中写作"夒"。古代传说太阳有十个，每天轮流值班，所以有天干十日的计时法，即以甲乙丙丁戊己庚辛壬癸十个太阳的名字来记录每一天，如果是太阳甲值班，就把那一天称作甲日。《海外东经》云："汤谷上有扶桑，十日所浴。在黑齿北，居水中，有大木，九日居下枝，一日居上枝。"《大荒东经》云："汤谷上有扶木，一日方至，一日方出，皆载于乌。"商王活着时称王，死了以后就成神，成"帝"，以天干十日称之，表示他是某个太阳神的化身。比如商朝的开国君主商王汤，甲骨文称之为"大乙"，他的神名就是乙，汤在甲骨文中都写作"唐"，可能是

[南宋]马麟

道统五祖像·汤

[南宋]马麟

道统五祖像·周武王

他的谥号。又如著名的殷高宗武丁，他的神名是丁，武是他的谥号。

可见商朝的统治是建立在王权神授的观念之上的，王就是神的转世。因此，在社会政治生活中，其言行必然以神为中心展开。商朝虽然也出现过一些能够体恤民间疾苦的君王，如武丁、祖甲，但是总的来说，商的统治者缺乏对普通民众的同情。《尚书·无逸》云："自时厥后，立王生则逸；生则逸，不知稼穑之艰难，不闻小人之劳，惟耽乐之从。自时厥后，亦罔或克寿。或十年，或七八年，或五六年，或四三年。"这是说，从商王祖甲之后，商代的各王，生下来都是长在深宫之中，从不知下层百姓的劳作之苦，只知道放纵享乐；也因此没有一个能够克享天年的，在位多不过十年，少则三四年而已。这样的商王，怎么可能对普通民众有什么理解和同情？

不过，有意思的是，即便如此尊崇鬼神的商朝统治者，在绝对王权的背景下，仍然有自我膨胀到欺天辱神的商王。商朝末期的帝武乙，就是一个很好的例证，《史记·殷本纪》云：

帝武乙无道，为偶人，谓之天神。与之

> 博，令人为行。天神不胜，乃僇辱之。为革囊，盛血，仰而射之，命曰“射天”。武乙猎于河渭之间，暴雷，武乙震死。

这恐怕不是信仰问题，而是绝对权力的制度所导致的灾难性结果。

到了商朝末年，绝对权力达到顶峰，培育出了一个臭名昭著的商纣王。根据西周以来的文献记载，商纣王是个不折不扣的暴君，他的罪行可谓罄竹难书。他沉溺于酒色，酒池肉林，南据朝歌，北据邯郸及沙丘，皆为离宫别馆；完全不用那些德高望重的旧臣，聚集了四方逃亡的罪人，任用他们为大夫卿士；暴虐百姓，作奸犯科，扰乱朝纲；比干进谏被剖心而死，设炮烙之刑诛杀诸侯大臣，脯鬼侯以享诸侯……

关于纣王的罪行，可能有后人的夸饰，《论语·子张》篇记载子贡云：“纣之不善，不如是之甚也，是以君子恶居下流，天下之恶皆归焉。”顾颉刚先生曾作《纣恶七十事的发生次第》一文，讨论这个问题。[3]的确，纣王是商的末代王，他的恶行大都是经过周人流传下来的。不过《尚书·微子》篇所记纣王的庶兄微子和父师、少师的对话，也可以看出商纣王时，“殷罔不小大，好草窃奸宄，卿士师师非度”，“小民方兴，相为敌仇”，“天笃降灾荒殷邦，方兴沉酗于酒，乃罔畏畏，咈[4]其耇长，旧有位人”，“殷民乃攘窃神祇之牺牷牲”，“商其沦丧，我罔为臣仆”。可见纣王的恶行必定不会少。在一个拥有绝对权力的制度下面，一个暴君能坏到什么样的程度，对于我们这些普通民众来说，恐怕只有想不到，没有人家做不到的。

因此，周人克商，乃是推翻暴政的革命，是理性文明代替野蛮文明的革命。仅此一点，就足以使周公在青史上熠熠生辉了。

注释：

①郭沫若：《中国古代社会研究》之《附录》，《郭沫若全集·历史编》第1卷，北京：人民出版社，1982年第1版，第299—301页。

②见于《逸周书·世俘》。

③《顾颉刚古史论文集》卷1，北京：中华书局，2011年第1版，第298—306页。

④咈，音弗，违逆。

三、周人的兴起

周人很早就进入了农业社会。周的始祖名弃，善于种植农作物，传说是夏朝时候主管农业的长官，所以也叫“后稷”，这是一个世袭的职位。夏朝衰落，后稷的子孙不窋失官，他带领周族，“自窜于戎狄之间”（《史记·周本纪》），与戎狄为伍。后来不窋的孙子公刘，迁居到了豳（今陕西旬邑），按照中原地区夏商的文化建立了城邑宗庙，重组宗族和军队，形成一个城市国家，周族开始重新兴旺起来。《诗经》的《大雅》专门有一首诗《公刘》，就是歌颂他的功绩的。

按照《史记》的说法，豳地在当时仍然是与戎狄冲突的前沿地带，所以周族在那里并不安宁。到了公刘的子孙公亶父的时候，重新往东迁徙，来到岐山之南的周原，在这里重新建立了国家。公亶父东迁，很大程度上是想跟当时的商王朝打交道。这时商王朝已经处在衰落之中，到了晚期。周人能够突破戎狄的重围，在西方兴起，就已经显示了他们非同寻常的实力。公亶父率领的周族，已经看到了商的衰落，很想在中原立足。东进的战略，事实上是公亶父时期就确立下来的。因此，灭商之后，周人追尊他为“太王”。《诗经·鲁颂·閟宫》说：

后稷之孙，实维大（太）王，
居岐之阳，实始翦商。
至于文武，缵大（太）王之绪，
致天之届，于牧之野。
无贰无虞，上帝临女。
敦商之旅，克咸厥功。

这是周人明说公亶父开始了实施侵商的计划，并把这作为西周王业的开始。

商的中心区域在太行山与黄河之间，商纣的首都朝歌，在今天的河南淇县一带，稍南是河南安阳，就是长期作为首都的殷，所以后人也常把商叫作殷。周人在陕西渭水流域，要往商的中心区域发展，有两条道路。一是北线，从渭水盆地越过黄河，直接进入山西南部的汾水流域，从晋南盆地东部的太行山缺口往东而下，很快就可以兵临商都。另一条是南线，出潼关、崤山，沿黄河往东，在孟津折而向北，沿着太行山麓北上，也很快就可以抵达商都。

太王不仅有东进的野心，可能已经付诸行动。他的长子泰伯、次子仲雍，可能已经率领周人，进入了山西南部。继承太王的，是他的少子季历。季历也是非常有才能的人，他在名义上效忠商王，得到商王的允许，剪除周和商周边的戎狄，通过与戎狄的战争进一步壮大起来。当时的商王是纣王的祖父文丁，文丁看到季历在伐戎狄的战争中节节胜利，开始威胁到商的控制区域，因此找个借口，杀了季历。可见这个时候，周人在力量上还是处于明显的劣势，不能与商抗衡。周人自己常称自己是“小邦周”，称商是“大邑商”或“天邑商”。

季历的儿子昌即位，就是文王。文王是西周德治文化的代表。他勤政爱民，礼贤下士，《尚书·无逸》说“文王卑服，即康功田功”，他亲自做一些卑下的事情，来体恤下民的疾苦，懂得慎重使用民力，因此也得到老百姓的爱护。

他要建造一个观测天文的灵台，“经始灵台，经之营之，庶民攻之，不日成之，经始勿亟，庶民子来”（《诗·大雅·灵台》）。文王的周围，聚集了一大批出色的人才，除了武王、周公，还有召公奭、太公望、散宜生、闳夭、南宫适等政治家、谋略家和军事家。他凡事以身作则，来化导周围的人，“刑于寡妻，至于兄弟，以御于家邦”（《大雅·思齐》），从家庭开始，到本族兄弟，教化及于整个邦国。

《诗经·大雅·绵》有“虞芮质厥成”的故事，很能反映文王的德治成就。当时附近有虞国和芮国两个小国家，相与争田，久而不平，后来两位国君虞伯和芮伯相约入周，请文王做裁判。入其境，则耕者让畔，行者让路；入其邑，男女异路，斑白不提挈；入其朝，士让为大夫，大夫让为卿。两人看了以后觉得非常惭愧，说：“我等小人，不可履君子之庭。”未见文王，相让而去。《史记·周本纪》记载这个故事后说：“诸侯闻之，曰：‘西伯盖受命之君。’”西汉时候的经学家把这件事看作是文王受天命，代替殷商做天子的标志性事件。

文王仍然臣服于商，韬光养晦。商王文丁之

后，是帝乙。帝乙可能是一个颇有作为的商王，至少他在位的时候，周人的东进受到了抑制。不过帝乙在位的时间也并不长，很快就是帝辛继位，帝辛就是商纣王。

纣王荒淫无道，天下皆有叛心。文王趁机兼并了陕西到山西、河南边境的八个诸侯国，打通了沿黄河东进的道路，并把都城从岐山的周原迁到沣（今陕西西安西南），做好了东进的准备。

纣王当然已经注意到文王的野心，但这时候周人已经壮大，如果不发动大规模的战争，已经很难消除这个威胁。纣王可能很想发动战争，一举消灭周。但是这个时候，他的后方，山东的东夷和淮河流域的淮夷，突然起兵造反了。

东夷和淮夷本来是商人的盟友，商人自身就是东夷的一支。东夷为何在这个关键时刻造反，真是一个谜。纣王荒淫无道，不得人心，凡是有正义感的人，没有不想背叛他的，这可能是东夷之叛的主要原因。此外，也可能有周人在煽动。

《史记》记载了一个非常著名的故事。据说文王从小就非常聪明，他的爷爷太王相信这个孩子将来一定能壮大周族。因此有心传位给文王的父亲、太王的小儿子季历；这样，季历之后，文

西周大盂鼎　铭文记载了康王向盂叙述周文王、周武王的立国经验

王就可以即位了。季历的两个哥哥泰伯和仲雍，知道父亲的意思，两人就放弃继承权，出走了，泰伯奔吴，在今天的苏州地区建立了吴国。后来孔子还特别称赞泰伯，《论语·泰伯》云：

> 子曰："泰伯，其可谓至德也已矣！三以天下让，民无得而称焉。"

吴国离当时的周太远，所以泰伯奔吴的故事不见得可信。不过，如果说泰伯是跑到江淮地区的夷族中去，在商的后方策应周人东进，倒也很符合当时的情势。

根据甲骨文的记载，商朝在末年跟东夷之间展开了长达十多年的战争，这对于周人的东进是非常有利的。商纣王可谓腹背受敌。

文王趁机加快了东进的速度。在南线，控制沿黄河东进的通道；在北线，攻占山西东部，太行山口上的黎国。从黎国东出太行，就可以直接到达商的首都，这无异于打开了商都的大门。这就是著名的"西伯戡黎"之役。

周公在周人克商的战略中发挥了巨大的作用。近年来新出土了很多战国时候的竹简，有一批保存在清华大学，其中有一篇《耆夜》，就是讲周人克黎之后，武王、周公、毕公、召公、太公等君臣欢聚一堂庆功的场面，周公代替武王作为宴饮的主人，武王、周公还即兴创作了诗歌。

这样，克商的准备工作基本完成了。

可是，在这个重要关头，文王去世了。即位的武王没有辜负父亲的遗志，三年以后，从南线出兵伐纣，终于在商郊牧野一战成功。纣王自焚，商朝的统治结束。

但是商朝作为一个强大的王朝，已经存在了不下五百年，它在中原地区的影响力很难在短时间内清除。商人的军队在牧野战败了，周人在短时间内迅速清除了商王畿内一带的许多诸侯的武装，但是在其他地区，商人还有相当的势力。对此，武王采取了相对柔和的政策。他铲除暴君纣王，但把殷商首都附近的区域封给纣王的儿子武庚，又命令自己的三个弟弟管叔、蔡叔和霍叔，各率领一支军队，一支驻扎在商都东边的卫，一支驻扎在商都北部的邶，一支驻扎在商都东南的鄘，合称“三监”，希望对武庚能够实现有效的监督。

这时候，周人虽然铲除了暴君和暴政，但这

并不意味着周人自己就安全了。很多地区仍盘踞着殷商的残余势力，虎视眈眈。周人相对于商来说，本来就是小邦，一下子要控制人口、土地都远远超过自己国家的商王国，其考验可想而知。因此，周人虽然克商成功，但是周人的新政权并不巩固，正如《诗经·豳风·鸱鸮》所说："予羽谯谯，予尾翛翛，予室翘翘，风雨所漂摇，予维音哓哓。"就像一只在风雨中飘摇哀鸣的鸱鸮一样。按照传统的《诗经》学的说法，这首诗的作者就是周公。

就是在这样的背景下，克商之后的第二年，武王却去世了。继位的是武王的儿子成王。他还非常年轻，能担当得起巩固新生的西周政权的重任吗？

果然，武王一去世，武庚就叛乱了。这本来也在武王的预料之中，要不然就不会设立三监了。然而令周人万万想不到的是，本来监视武庚的"三监"，竟然站到了武庚一边，跟武庚一起作乱。这一次，周的敌人不仅仅是商人，还有自己的兄弟亲人。

于是周公东征，也被称为第二次克商。

四、周公摄政

周公是文王之子，姓姬名旦，只是因为古代男子不称姓，所以不叫姬旦，而叫周公旦。公是尊称，周是所封采邑。唐代司马贞《史记索隐》说："周，地名，在岐山之阳，本太王所居，后以为周公之采邑，故曰周公，即今之扶风雍东北故周城是也。"太王居住在陕西岐山的周原，文王迁都沣邑之后，把周原一带交给周公来管理，所以称周公。文王把周人的根据地周原交给周公，可见他对周公的信任。

武王克商后二年而崩，成王幼弱，周公摄政。这本来是古代社会常见的事情，但是由于这是圣人周公的事迹，有可能对后世的政治文化产生重要的模范作用，因此，对于传统社会的中国学者来说，这是一个有标志性意义的事件，引起了长期而热烈的讨论。讨论的核心问题是：周公到底是摄政，还是自己称王？在秦汉以后的王朝看来，周公是臣，不可以称王，称王就是周公的污点，会开启野心家篡位的方便之门，例如西汉末期的王莽，就自称是仿效周公，先摄政，然后自己当了皇帝，篡夺了汉朝的政权。可见这个问题在传统社会中的重要性和紧迫性。

跟这个问题相关的，是武王去世时，成王究竟有多大年纪？这个问题，古文献中有很多不同的记载。

1.成王还是个婴儿，在襁褓之中。《史记·周公世家》："成王少，在强葆之中，周公恐。"又《淮南子·要略》："武王立，三年而崩，成王在襁褓之中，未能用事。"

2.成王不超过十岁。贾谊《新书·修政语下》云："周成王年六岁，即位享国。"又《尚书·金縢》疏引郑玄说："武王崩时，成王年十岁。"

3.成王年十三。许慎《五经异义》引古《尚书》云："武王崩时，成王年十三。"①

4.笼统地说成王幼弱。《逸周书·明堂》："既克纣，六年而武王崩，成王嗣，幼弱，未能践天子之位。"又《礼记·文王世子》："成王幼，不能莅阼，周公相，践阼而治。"

这些说法恐怕都是后人的猜测，未尽可

靠。如果成王尚在襁褓之中，那么周公摄政甚至称王，似乎也情有可原。但这种说法，光从《尚书》的记载来看，也是不能成立的。一方面，周公东征一共两年，中间有成王之弟唐叔归禾之事。《书序》云：“唐叔得禾，异亩同颖，献诸天子。王命唐叔归周公于东，作《归禾》。”又，“周公受之，作《嘉禾》”。唐叔的采邑长出了异亩同穗的禾稻，以为祥瑞，故送给周公，以鼓励士气。唐叔既然是成王之弟，则成王不会太年轻。另一方面，《尚书·金縢》说成王怀疑周公，周公居东二年，后成王悔悟，亲迎周公，则成王也不可能少于十岁。

清朝学者崔述曾说：《礼记·文王世子》“文王九十七而终，武王九十三而终，成王幼，不能莅阼”，如果是这样，那么武王要到八十多岁才生成王，他娶太太邑姜时，恐怕也要六十多岁了，这不近常情。何况周公东征时，唐叔还去送祥瑞之禾。可见成王的年纪不可能太小。②

至于成王年十三之说，应该是根据《尚书大传》之说，周公摄政七年，成王成年之后，乃归政成王。所谓成年就是满二十岁，以此往前推七年，就是十三。

可见这些说法都没有确实的证据，都是根据已有的某些观念和说法推测而来的。不过，从周初史事看起来，成王的年纪也不可能太大，否则就没有周公摄政了。

西周金文中有一个关键性的证据，可以证明当时成王是真正的王，周公只是摄政，并未称王，而且成王与周公实际是一起东征了。这就是禽簋。铭文云：

> 王伐侯，周公某（谋），禽祷。禽又敐（辰）祷，王易（赐）金百寽。禽用乍（作）宝彝。

此器是清代学者钱坫、刘喜海、王兰溪等旧藏，现藏中国国家博物馆。其中的关键字“”，陈梦家先生疑为“盖”字，应该是正确的。此字两边各一木，中间部分上大下口，像器物之盖，是盖子的“盖”的本字，它与古文字中的“去”字同形，所以释为“盖”，这应该是没有问题的。陈先生指出，盖国，即古书所称“商盖”（见于《墨子·耕柱》《韩非

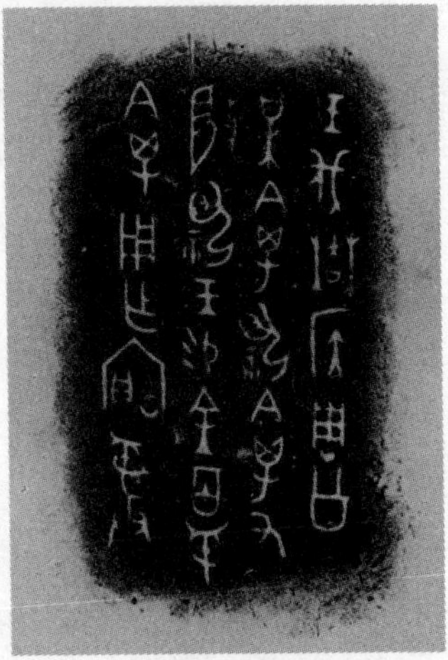

禽簋铭文拓片

子·说林上》），又称“商奄”（《左传·昭公九年》）。“奄”与“盖”，古音极近，义亦相通。《竹书纪年》说，商王南庚迁于奄，盘庚又从奄迁于殷，可见盖（奄）是商的旧都，所以会跟武庚一起谋反。奄即后来的鲁国首都曲阜。《说文》：“郁，周公所诛郁国，在鲁。”周公平乱之后，即将伯禽封在此处。《左传·定公四年》：“因商奄之民，命以《伯禽》，而封于少昊之虚。”《后汉书·郡国志》也说：“鲁国，古奄国。”③

伐商奄，是二次克商时候的事，此王必是成

王。王与周公同见一器，则周公必不称王。禽是周公的儿子伯禽。“周公某（谋），禽祷。禽又鬳（辰）祷”，正与《诗经·大雅·抑》“吁谟定命，远猷辰告”相合，二者如出一辙。“辰”是“好”的意思。古代战争祈祷神灵保佑，故军中常有祝告神灵之事。西周时的青铜器还有一个大（太）祝禽鼎，铭文即“大祝禽鼎”四字，可见伯禽曾担任太祝的官职。

由此可证，当时成王与周公是一起东征的，成王的年纪不能太小，周公也不可能称王。

成王与周公一起东征，也见于《尚书·序》，《序》云：“成王东伐淮夷，遂践奄，作《成王政》。成王既践奄，将迁其君于蒲姑，周公告召公，作《将蒲姑》。”

过去提到的跟周公摄政称王有关的材料，主要是战国晚期以至西汉的文献：

1.《荀子·儒效》：“武王崩，成王幼，周公屏成王而及武王，以属天下，恶天下之倍周也。履天子之籍，听天下之断，偃然如故有之，而天下不称贪焉。……成王冠成人，周公归周，反籍焉，明不灭主之义也。周公无天下矣，乡有天下，今无天下，非擅也。成王乡无天下，今有天下，非夺也，变势次序节然也。故以枝代主，而非越也，以弟诛兄，而非暴也。君臣易位，而非不顺也。因天下之和，遂文武之业，明枝主之义，抑亦变化矣，天下厌然犹一也。非圣人莫之能为。”

2.《礼记·文王世子》：“成王幼，不能莅阼，周公相，践阼而治。”又引孔子曰：“周公摄政，践阼而治。”

3.《淮南子·泛论训》：“武王崩，成王幼少。周公继文王之业，履天子之籍，听天下之政。”

4.《韩诗外传》卷三：“周公践天子之位七年。”又卷七云：“履天子之位。”

5.《说苑·君道》：“周公践天子之位。”又《尊贤》：“周公摄天子位七年。”④

如果我们仔细检查这些材料，就会发现，这些古籍全未云周公称王，只说履天子之位，或说摄政，或说践阼（也写作“践祚”）。所谓履天子之位，即践阼，通常来说，要即王位才可以，但是摄政也可以。周公既然摄政，其在朝廷之上，可以居王的位置，未必要称王。《礼记》引孔子所谓“周公摄政，践阼而治”，就是这个意思。称王的说法，是源于《尚书》的《康诰》篇开头的称呼，《康诰》云：

王若曰：朕其弟，小子封！

“封”是康叔的名字，康叔是周公的弟弟，成王的叔父。康叔封于卫，是在二次克商之后。既然称康叔为弟，那么，这个王不可能是成王，只能是周公，由此推论周公称王。

不过，这个证据并不坚强。《康诰》这篇文章并未说封康叔于卫，而是“王”对康叔讲了很多如何执行法律的原则。宋代学者胡宏、吴棫、朱熹、蔡沈等均以为《康诰》乃武王告康叔之文，很可能是武王封康叔于康或任命他为执掌法律的司寇时的命辞。康是康叔封卫之前的采邑，“康叔”之称即来源于此。

只有荀子说“周公屏成王而及武王”，用了一个“及”字，这个“及”有特殊含义，是兄终弟及之及，而且他明说“以枝代主”，“君臣易位”，看来荀子是相信周公称王的，后来的说法可能都是受了他的影响。不过，荀子讲的很多儒家故事都大有争议，目前发现的西周金文都没有周公称王的记载，《左传》也只是说“周公为太宰”（定公四年），荀子的这个说法不可采信。

所以周公摄政，践天子位则有之，称王则绝无也。所谓摄政之摄，其意义就是行事与王同，而无王的称号；若称王，就不是摄政了。

周公摄政，看来是得到武王托付的，武王甚至可能让周公继承王位。《逸周书·度邑》记载武王临终前跟周公托付继承人的问题，文云：

> 王□□[5]传于后，王曰：“旦，汝维朕达弟，予有使汝，汝播食不遑暇食，矧其有乃室？今维天使予，惟二神授朕灵期，予未致于休。予近怀于朕室，汝维幼子，大有知。……乃今我兄弟相后，我筮龟其何所即，今用建庶建。”叔旦恐，泣涕其手。

武王对周公说：你是我的聪明能干的弟弟，我有什么事情使唤你，你吃饭都来不及就跑来了，哪里还顾得上自己的家室呢？克商是上天给我的使命，但是现在天上的祖父和父亲已经告诉我，我的寿命将尽，我没有能够使得克商之后的周国完全安定下来。我考虑过我们这个家族，你虽然是少子，但是有大智慧……现在我们兄弟相继，卜筮和龟占会选择什么呢？我决定用兄终弟及的“庶建”。周公听了以后，非常惶恐，眼泪沾湿了双手。

周公从小聪明能干，是武王非常欣赏的。文王在时，周公已经是文王的好帮手，文王去世，武王经常跟周公一起谈心，商讨大事。《逸周书》中有很多篇记载了他们的讨论。《柔武》篇，是武王教导周公的，而《大开武》篇，则是周公开导武王的，所说的话都是格言。《小开武》篇也是武王向周公请教“道极”，《宝典》篇则是武王与周公互拜昌言。而《酆谋》《寤儆》则都是武王与周公一起谋商的记录。可见，文王死后，周公实际上是武王的左膀右臂。武王对于时局的认识非常清醒，他担心儿子成王不成熟，担当不起大任，因此毅然决定建“庶建”，这是非常了不起的决定。但是周公并未接受，这表现了他人格的伟大。

注释：

①《公羊传·隐公元年》疏引。

②［清］崔述：《丰镐考信录》卷四。

③陈梦家：《西周铜器断代》，北京：中华书局，2004年第1版，第18页。

④［日］林泰辅：《周公と其时代》，东京：名著普及会，1988年复刻初版，第36—37页。

⑤原文残。

五、东征

武庚作乱，是要恢复商的统治，何以武王的亲弟弟——管叔、蔡叔、霍叔，也要跟着武庚一起作乱呢？

这涉及古代权力集团最常见的继承权之争。

文王有很多儿子，《诗经·大雅》的《思齐》说：“太姒嗣徽音，则百斯男。”所以传说文王有百子。《左传·僖公二十四年》列举了有分国的儿子就有十六个：管、蔡、郕、霍、鲁、卫、毛、聃、郜、雍、曹、滕、毕、原、酆、郇。可见“百子”虽然可能有点夸张，但是毫无疑问文王有很多儿子。嫡妻太姒所生的儿子，也就是周公的嫡兄弟，就有十个：

长子伯邑考（未继位就死了，所以由次子武王发继位）；[1]

其次武王发；

其次管叔鲜；

其次周公旦；

其次蔡叔度，其子蔡仲，是后来的蔡国的始祖；

其次毛叔郑，著名的毛公鼎的主人毛公，就是他的后人；

其次成叔武[②]，封于郕；

其次霍叔处；

其次康叔封，曾任周的司寇，掌管司法，是卫国的始祖；

最少冉季载[③]，冉也写作“聃”，曾经担任周的司空。

古代的继承制度主要有两种：一种是兄终弟及为主，即哥哥去世，弟弟即位，最后的弟弟传子或传给哥哥的儿子；另一种是嫡长子继承制，父亲死了，正妻的长子即位。商代末年，正处在兄终弟及制向嫡长子继承制的过渡时期，嫡长子继承制正逐步确立。周人的情况也大致如此。因此，当武王去世时，正常的继承人应该是成王；如果成王不即位，那么，按照兄终弟及的顺序，即位的应该是周公的哥哥管叔。

周公受武王的委托，承担起摄政的大任，国家大事都决定于周公。这首先引起了周人内部的怀疑，怀疑周公借摄政，独断专权，谋夺王位。其中包括长期辅佐文王、武王的重臣召公奭（周公呼之为君奭）。其次，这也引起了周公的哥哥管叔的不满，按照兄终弟及的顺序，管叔本来比周公更有资格继承王位，这一点正好被武庚利用了，双方一个要继承商，一个要继承周，很容易结成同盟。《左传》说："管、蔡启商，惎间王室。"这时的周人，可谓内忧外患一起来。管叔是三监之首，又是蔡叔和霍叔之兄，蔡叔和霍叔倒向管叔， 既在情理之中，也可能受了武庚和管叔的挟持。三叔派人到处流言，说"公将不利于孺子"，造谣污蔑周公将取成王而代之。于是天下骚动。武庚趁势与几个东夷的盟国奄、丰和蒲姑等，一起发动了叛乱，欲图复辟商朝。《尚书大传》云："奄君、蒲姑谓禄父曰：'武王既死矣，今王尚幼矣，周公见疑矣，此世之将乱也，请举事。'"禄父就是武庚。可见武庚之乱，商奄、蒲姑也是主谋。

这样，刚刚建立的西周政权风雨飘摇。

沧海横流，方显英雄本色。周公，这时显示了非凡的能力和气魄。他首先稳定周人的内部局势，找召公做一次推心置腹的谈话，以赢得召

“周公辅成王”画像砖

公的理解和支持。他对召公说：“君奭！从商的历代贤王，一直到我们的文王、武王，每一个历史的转折关头，都需要有德有才的人出来辅佐，完成上天赋予的使命。天命无非是秉持道德，体恤人民。如此，才有了我们这个新建立的周邦。”“君奭！你现在应该看到，我们从上天那里接受了天命，虽然是无限美好，但也是无限艰辛。”“现在我们就像渡大河，我和你要先渡过去。我们的王还年幼，不能主持大计，我们这些年长的前辈，能够不出来担当自己的责任吗？如果那样的话，那么天命能够真正降落到我们头上吗？”“如果我问你，‘除了我们二人之外，还有和你的才德相称的人吗？’你一定会说，‘正是有我们二人在，勠力同心，上天才会降下很多福祉，保佑我们周人’。”“正是因为我们二人性情笃厚，合力辅佐文王、武王，才使我们的事业达到今天这样的美好境地。我们要完全成就文王的大功而不懈怠。凡是太阳所能照到的地方，无不顺从我们周邦。我之所以说了这么多话，无非是忧虑我们会失去天命和民心！”

周公告召公的这些话，完整地保存在今本《尚书·君奭》篇中。召公也是西周初年有远见的政治家，他对形势的判断是非常清楚的，他与太公姜尚一起，坚定地支持周公。周公先稳住了西周朝廷的局势。

接下来，是果断地出兵东征。当时周人的形势可能比克商之前更危险。因为现在的敌人，不仅有原来的商人，也加上了很多东夷国家。东夷国家转而支持武庚的原因我们尚不能确知，这中间可能有族群意识，因为商人本来就是东夷民族的一支，周人是西来的异族，东夷可能也担心商亡之后，下一步该轮到自己了，所以转而与武庚结盟。

另外，第一次克商时，周人是以有道征伐无道，上下一心，士气高昂。但这一次的敌人，除了商人和东夷，还有周人自己的同族弟兄。因此，这一次意见歧出，情绪普遍悲观。周公搬出了文王遗留下来的“大宝龟”来占卜，试图以天命统一人心。虽然占卜的结果是吉兆，但是周人内部仍然议论纷纷，认为：“艰大，民不静，亦惟在王宫、邦君室，越予小子考，翼不可征。王害不违卜？”（《尚书·大诰》）意思是说，困难太大了，民心也不安定，那些发动叛乱的人，很多是王族、诸侯的亲戚，还有很多是我们的父辈，还是不要去讨伐他们吧。王为什么不违反占卜的结果呢？

反对的意见是只希望守住周人原来的疆土就可以了。但这样一来，文王、武王多年的经营就付诸东流了，而且形势如果变成敌强我弱，那么周人能否守住原来的疆土也很难预料。周公看到的形势，正如逆水行舟，不进则退。因此，他坚定地做了一次东征的总动员令，告诫周人，不要怠惰，要想想文王是如何勤奋创业的。现在那些背叛我们的人，帮助我们的坏邻居一起来讨伐自己的同族，你们却不想去讨伐他们，你们以为是在守护父辈们创下的事业吗？我们的父辈们经过多少年的努力，得到了天命的眷顾，已经为我们打下了如此强大的基础，现在天命尚未改变，我不能不把文王、武王的事业继承下去，保卫已经取得的疆土，何况现在占卜的结果也是吉利。天命不会有差，你们要随我一起东征！（《尚书·大诰》）

东征的策略是擒贼先擒王。当时周人的优势主要是仍然控制着第一次伐商时期的南线和北线两条出兵路线。这次的主谋武庚，仍然在商的旧都。《逸周书·作雒》云："周公立，相天子，三叔及殷、东、徐、奄及熊盈以略。周公、召公内弭父兄，外抚诸侯。元年夏六月，葬武王于毕，二年又作师旅，临卫政殷，殷大震溃。"因此周公毫不犹豫地再次直捣商都，一举击溃武庚。商人震惊，纷纷投降，武庚仓皇之间向北逃窜。周公法办三监，管叔上吊自杀，蔡叔被囚禁，霍叔被废为平民。

武庚之乱被迅速平定，这可能是开始时大家没能想到的。除了周公的果断决策和正确战略之外，推测起来，可能还有三个主要原因：

第一，周人的家族组织有利于军事扩张。周人是以家族为单位组织起来的，一个家族只有一个族长，族长就是“君”，在家族内部，所有其他成员必须隶属于族长。其他子弟，如果想要获得相对独立的家族地位，也就是小宗，就必须有功勋，获得采地或封地。因此，如果一个家族成员并非家族继承人，他想要得到属于自己的土地，军功是最好的途径。

第二，周人的军队，是通过家族式管理，形成的一种军事化的管理组织。族长各率其族，编为军队的战斗单位，是一支专业化的常备军。平时练习战斗技能，时刻准备战斗，以军功获得采地、财物的奖赏，甚至分封为诸侯。因此，其战斗力比较强。

第三，利用投降的商人及其同盟的军队。西周初年的青铜器小臣謎簋铭文云：“……东夷大反，伯懋父以殷八师征东夷。”所谓“殷八师”，是驻守在洛阳一带的军队，它与“西六师”相对，西六师是驻守西周镐京一带的军队。这“殷八师”的军人，很可能有很多是商人，或原来臣属于商的部族。傅斯年曾经说，周人对殷遗民采用的是一种怀柔政策，根据“伯懋父以殷八师征东夷”的记载，可以看出“周初东征的部队中当不少有范文虎、留梦炎、洪承畴、吴三桂一流的汉奸”[④]。周人国小人少，以此区区小国，征服地广人众的大商，这中间恐怕少不了“商奸”。

经此关键一战，西周政权重新站稳脚跟。接下来，就是剪除商的残余势力，巩固疆土，实行有效的统治。

由于殷商土地广大，人口众多，武庚政权虽然已经被消除，但商人的势力还是盘根错节，商王朝此前的同盟也基本都在。支持武庚的东夷，主要是殷商东部的几个大国。战争必然要延续到东夷。面对这样的形势，周公对商人采取了分而治之、怀柔利用的政策。

为了稳住后方，周公在平定武庚之乱后，不再把商都及其周围的商的核心地区交给商人管理，而是把原来的商都所在之地，连同原来三监驻军之地卫，一起分封给了弟弟康叔，建立了卫国，由周人自己直接统治。卫国就成为与东夷战争的可靠根据地。另一方面，他把商王朝核心地区的另外一部分，也是原来三监的驻军之地鄘，

小臣謎簋铭文

分封给了商纣王的庶兄微子，建立了宋国，让他继承商人的祭祀，使得商人无论是在情感还是土地上都有所依归。

武庚北逃，是因为东北地区有很多商人的故旧，传说武王克商前夕，纣王的叔叔箕子就已经看到形势严峻，出逃东北，在朝鲜建立了一个政权。其他还有亡终氏、孤竹国等，都是商末东北地区的大国。周公派召公率军北追武庚到蓟，即今天的北京地区，扼守东北通往中原的通道，并将召公的儿子封在蓟，就是燕国。

第二年，周公继续东征，兵分两路，一路往山东半岛的北部进兵，打败了济水流域的两个东夷大国丰和蒲姑[5]，又一次取得了关键性的胜利。西周初年的青铜器䧹方鼎记载了这次胜利：

> 唯周公于征伐东夷丰伯、尃古（蒲姑），咸捷。公归，祭（？）于周庙。戊辰，饮秦饮，公赏䧹贝百朋，用乍（作）尊彝。

可见周人对这次胜利的欢欣鼓舞。由于太公望在两次克商战争中的巨大功劳，所以周公把这个地区分封给了太公，称为齐国。

另一路由山东半岛南部进兵，打败了支持武庚作乱的另一个大国奄。由于奄是扼守中原与东夷、淮夷的咽喉，因此，周公把这块土地分封给自己的长子伯禽，让他守卫这个门户，并把这个新的国家命名为鲁国。

这次征伐的东夷国家，根据《逸周书·作

䀇方鼎铭文拓片

雒》的记载，有“熊盈之族十有七国”。熊姓和盈（即嬴）姓，都是东夷的大族，后来的楚国就是熊姓国家，秦国就是嬴姓国家。东夷民族纷纷迁徙，大量南迁，少数西迁（如秦这一支）。从此东夷集团的势力范围就基本上局限在齐鲁以东的山东半岛和鲁国以南的江淮流域了。

至此，第二次克商基本告捷，周公回师。此后，还有其他将军带兵，继续征伐某些殷商和东夷的残余势力，时间可能拖很久。上文提到的西周初年青铜器小臣謎簋铭文云：

> 䖒东夷大反，伯懋父以殷八师征东夷。唯十有二月，遣自[illegible]师述东䏝，伐海眉（湄）。雩厥复归，在牧师，伯懋父承王命，易师率征自五齵贝，小臣謎蔑历，众易贝，用乍（作）宝尊彝。

意思是：东夷造反，伯懋父率领殷八师去征伐。十二月，从[illegible]出师，沿着东䏝征伐海边各国。班师回归之后，在牧野驻师，伯懋父奉王命，赏赐财物给那些跟他一起从五齵出征的部队，小臣我（謎）也立了大功，被赏赐了财物。

因此做此宝器（*以志纪念*）。

此伯懋父，郭沫若认为就是康叔之子康伯髦，《左传·昭公十二年》之王孙牟。[6]不过陈梦家先生说，据《左传》之文，王孙牟事康王，而《史记》说康叔、冉季是武王幼弟，在成王时康叔之子是否成人，很成问题。[7]陈先生的怀疑有道理。如果伯懋父是成王时候的人，那么伯懋父的这次东伐海湄，应该就是周公东征的一部分；如果伯懋父并非成王时人，那么，他的这次东征仍然是周人与东夷之间战争的延续。齐鲁在周初是周人与东夷、淮夷的冲突的最前线，战争持续不断。《尚书》的《费誓》一篇，就是鲁侯伯禽与淮夷战斗的记录，《书序》云："鲁侯伯禽宅曲阜，徐夷并兴，东郊不开。"所谓徐夷，就是东夷的徐国和淮夷。康王时期的青铜器宜侯夨簋，铭文记载康王把虞侯改封到宜这个地方，这个器物1954年出土于江苏丹徒的烟墩山西周墓，证明当时西周的势力已经渗透到长江流域。

东征虽然是一次大规模的战争，但是历时不算太长，大约两到三年时间。东征的影响是巨大的，它基本确立了西周的疆域版图和诸侯封国的布局，也确立了后来所谓"华夏"民族的主干

宜侯夨簋铭文

成分。它对于人民生活的影响之大，也是可想而知的，《诗经·破斧》说：“既破我斧，又缺我斨。周公东征，四国是皇。哀我人斯，亦孔之将！”《诗经·豳风》有《东山》一诗，歌咏周公东征之事，非常优美，《诗序》说：“《东山》，周公东征也。周公东征，三年而归，劳归士，大夫美之，故作是诗也。一章言其完也，二章言其思也，三章言其室家之望女也，四章乐男女之得及时也。君子之于人，序其情而闵其劳，所以说也。说以使民，民忘其死，其唯《东山》乎！”《诗》云：

我徂东山，慆慆不归。
我来自东，零雨其蒙。
我东曰归，我心西悲。
制彼裳衣，勿士行枚。
蜎蜎者蠋，烝在桑野。
敦彼独宿，亦在车下。
我徂东山，慆慆不归。
我来自东，零雨其蒙。
果赢之实，亦施于宇。
伊威在室，蟏蛸在户。

町畽鹿场，熠耀宵行。
不可畏也，伊可怀也。
我徂东山，慆慆不归。
我来自东，零雨其蒙。
鹳鸣于垤，妇叹于室。
洒扫穹窒，我征聿至。
有敦瓜苦，烝在栗薪。
自我不见，于今三年。
我徂东山，慆慆不归。
我来自东，零雨其蒙。
仓庚于飞，熠耀其羽。
之子于归，皇驳其马。
亲结其缡，九十其仪。
其新孔嘉，其旧如之何？

诗歌在忧伤之中，仍然洋溢着一种乐观精神。耐人寻味的是，这种乐观精神，反而给这首诗歌增添了一种苍凉的意味。《诗序》说“说以使民，民忘其死”，可能是美化圣人。无论何种战争，对于人民生活的伤害，是不言而喻的，可是自古以来，处于底层的人民，总是要在痛苦的生活中找到一点精神慰藉，让生活能够继续下去。作为政治家的周公，如果能体恤并照顾到这点民情，也已经算是圣人了。

从东征开始，到东征结束后的一年左右时间内，周公进行了大规模的分封。他把商和东夷的土地，划分成很多诸侯国，分封给自己认为可靠的近亲和那些在东征中立功的异姓功臣，康叔封卫，召公封燕，伯禽封鲁，太公封齐。他封的诸侯，大多是同姓，异姓比较少。《荀子·儒效》篇说，周公“兼制天下，立七十一国，姬姓独居五十三人，而天下不称偏焉”。《左传·僖公二十四年》富辰说：“昔周公吊二叔之不咸，故封建亲戚以蕃屏周。管、蔡、郕、霍、鲁、卫、毛、聃、郜、雍、曹、滕、毕、原、酆、郇，文之昭也。邘、晋、应、韩，武之穆也。凡、蒋、邢、茅、胙、祭，周公之胤也。”《左传·昭公二十八年》说：“昔武王克商，光有天下，其兄弟之国者十有五人，姬姓之国者四十人，皆举亲也。”这些具体的数字都不太准确，封国的时间也并非一时，但是周人封建诸侯的基本原则是以亲亲为主，却是非常明显的事实。

武王克商时，不但把商都之地封给武庚，而且还把禹的后裔分在杞，把舜的后裔分在陈，把尧的后代封在祝，表示不废这些对人民有大功劳的人的祭祀。这就是孔子非常称道的“兴灭国，继绝世”（《论语·尧曰》）。周公二次克商之后，又把纣的庶兄微子封在宋，以示不绝商祀，使商人的祖先有所凭依，使商的贵族无论在精神上还是土地上都有所依归，渐渐地消磨了造反的念头。

不仅如此，周公还把商的人民，通过分封诸侯，分散到各个地方，让他们不再像过去那样集中在一起。《左传·定公四年》记载分封康叔时，连同“殷民七族：陶氏、施氏、繁氏、锜氏、樊氏、饥氏、终葵氏”一起分封；而分封鲁侯伯禽时，则赐以“殷民六族：条氏、徐氏、萧氏、索氏、长勺氏、尾勺氏”。这种分封，既是用殷民来统治殷民，又分散了殷商贵族的力量，是非常高明的兼怀柔和分治的政策。

即便如此，在商人中间，还是有为数不少的不愿意服从周人统治的“顽民”。对于这些“顽固派”，周公也并没有粗暴地加以杀戮和刑罚，而是采取了一些比较温和的策略。他把这些人一同迁移到一个新的城市去，即“新邑”，把他们集中起来管理，并许以优厚的条件，可以选拔他们做官，进入统治阶级。

这个“新邑”就是洛阳。洛阳分为两部分，一部分是王城，是周王和周人的宫殿宗庙所在，另一部分是成周，是殷顽民所居。把这些顽民迁来的时候，周公向他们发表了一个著名的演说，这个演说就是《尚书》的《多士》篇。[8]周公用“天命”的思想，告诫殷商的诸士们，要认识到周革殷命，跟当初殷革夏命是一样的，都是因为统治者丧失了“德”，胡作非为，因此上天不再佑护，天命遂改。所以你们殷商的诸士，要懂得遵守德，遵守天命，臣服于周。他说：现在我把你们聚集起来，不是要杀掉你们，而是要告知你们这个天命。我在洛水这个地方建造这座新城，是为了便于四方诸侯的朝贡，也需要你们服务王事，奔走效劳。你们仍然会有自己的土地，你们也有安居乐业的工作生活。你们一定要敬服天命，上天会体恤你们。如果你们不敬服天命，你们不但会失去土地，我也要把上天的惩罚施加到你们身上！现在你们在此安居乐业吧，你们就能长久地居住在此，你们的子孙也会兴旺！

作为政治家的周公，他对殷商诸士的讲话有

威胁，有利诱，也有宗教上的安抚。但是无论如何，他的确给这些顽民一条光明的出路。这也可以看作是社会进步到文明时代的一个证据。

注释：

①关于伯邑考未继位的原因，一般认为是因为武王贤。《礼记·檀弓》："文王舍伯邑考而立武王。"《史记》："同母昆弟十人，唯发、旦贤，左右辅文王。故文王舍伯邑考而以发为太子。"此说恐怕有问题。《逸周书·世俘》说武王灭商后，去庙中祭祀，"自太王、太伯、王季、虞公、文王、邑考，以列升"。文王死后不到两年，武王克商，看来伯邑考未能继位，是因为他死在文王之前。皇甫谧《帝王世纪》："纣烹伯邑考为羹，以赐文王。"可能有所根据。

②《列女传》《白虎通》所记成叔和霍叔之名互换。山东嘉祥武氏祠汉画像石霍叔处，与《白虎通》不同，但排序却一致。

③《左传》作聃，《白虎通》作南，语音相近。大盂鼎铭中盂的祖先南公，唐兰认为就是文王子聃季载。聃季，《左传·定公四年》"聃季作司空"，《史记·管蔡世家》"聃季载最

少”，都作“聃季”，《白虎通·姓名》作“南季载”，聃与南通。唐兰认为本应作南。西周后期的南公有司㪤皿鼎，是南公的属官所作。《左传·隐公九年》“天王使南季来聘”，可见南季氏到春秋还存在。（唐兰《西周青铜器铭文分代史征》，北京：中华书局，1986年第1版，第177页。）

④傅斯年：《周东封与殷遗民》，见氏著《民族与古代中国史》，石家庄：河北教育出版社，2002年第1版，第71页。

⑤关于丰的位置，唐兰先生认为在汉代沛郡的丰县，可能太远，中间隔了鲁国。丰国应该离蒲姑不远。

⑥郭沫若：《两周金文辞大系图录考释》，上海：上海书店出版社，1999年第1版，第23页。

⑦陈梦家：《西周铜器断代》，北京：中华书局，2004年第1版，第20页。

⑧《多士》篇之《书序》云：“成周既成，迁殷顽民，周公以王命诰，作《多士》。”

六、天下之中

在洛阳兴建一座新的都市，这个主意其实是武王就已经规划好的，最后周公完成了武王的遗志。迁殷顽民于此，只是这座新城的功能之一，它的重要意义远不止于此。

武王早已看到了洛阳地区对于周人的巨大意义。可以说，两次克商的成功，很大程度上是因为周人有效地控制了从陕西出关，沿着黄河，经由洛阳一线的交通枢纽。周人在陕西，直接控制黄河以东的中原的大片土地，非常困难。如果在洛阳地区有一个据点，控制交通出口，驻扎一支强大的军队，则北上、东进、南下都非常便利，退也可以稳守黄河以西。从当时的地理环境看，洛阳地区处于东西南北的枢纽地带，相传自古就有“中国”即天下之中土的说法，而且，传说是建立中国的第一个王朝——夏朝的夏族活动的地区，有着深厚的文化传统。

在《尚书》中的西周初期的文献《洛诰》和《召诰》篇中，已经把洛阳地区称作“中”或“土中”。在西周金文中，最早出现“中国”一词的是成王时期的何尊铭文，指的是洛阳地区。铭文云：

> 唯武王既克大邑商，则廷告于天，曰：余其宅兹中国，自兹乂[1]民。

《逸周书·度邑》是一篇非常重要的文献，它记载了武王临终前对周公交代了统治商人的原则性策略。武王说：现在虽然已经克商，但是政局未稳，要想“定天保”，就要“依天室”。所谓天室，就是太室山，即嵩山，在嵩山一带建立一个新邑，可以安保天命：

> 王曰：“呜呼，旦！我图夷，兹殷，其惟依天，其有宪命，求兹无远。天有求绎，相我不难。自洛汭延于伊汭，居易[2]无固，其有夏之居。我南望过于三途，北望过于有岳，鄙顾瞻过于河宛，瞻于伊洛，无远天室。”

何尊

何尊铭文拓片

武王说，我考虑要平定殷商，只有依赖天室。天有大命，在此求之不远。洛水和伊水的交汇处，地势平坦，没有突出的险阻，夏人曾在此居住。我登高四望，南到大禹所居的三涂，北过山西的霍太山，西到黄河拐弯的河曲，最后看到的是伊洛这个区域，千万不要远离天室山。

从《逸周书·度邑》的记载来看，营建新城洛阳，除了我们上面提到过的战略位置的重要性之外，它还具有种族和宗教两方面的意义。

从种族上说，选择“有夏之居”，以显示自己承继夏的传统。至少武王已经有利用夏人旧国的概念来取得代商统治的正统性的想法，《尚书》所载周公的很多言论，显然也是要用周人继承夏人的观念，来和殷商进行合法性的争夺。不管怎样，至晚西周初年，周人已经以夏人自居了。

周人如此强调自己是夏人，实际情况反倒是他们可能不是夏人。周人的血统，很可能是戎人，姬、姜有密不可分的亲缘关系。《国语·周语上》说：

昔我先王世后稷，以服事虞、夏。及夏

之衰也，弃稷不务，我先王不窋用失其官，而自窜于戎、狄之间。

周人即使在血统上是夏人，在文化上恐怕也是戎狄的传统。这一点，从《诗经》叙述的公亶父、太王及其与姜姓的婚姻联盟，不难察觉。所以，周人直接以夏的继承人自居，可能就是要掩盖自己戎的身份。这也是武王求“有夏之居”的原因。

从宗教上说，是要“依天”，得到天的帮助，因此不能离开“天室”太远。看来天室山，或者说嵩山，应该是具有某种至高的宗教意义的所在，依天室，可以得到天的帮助。

《尚书·召诰》说：

王来绍上帝，自服于土中。旦曰：“其作大邑，其自时配皇天，毖祀于上下，其自时中乂，王厥有成命治民。”

在这里建造新的大邑，是“绍上帝”“配皇天”，可以“有成命治民”。《洛诰》篇说：

孺子来相宅，其大惇典殷献民，乱为四方新辟，作周，恭先。曰："其自时中乂，万邦咸休，惟王有成绩。"

成王来此考察洛邑的居处，大会殷民，成为四方的新君主，建立新的周邦，以恭敬上帝为先。以这个天下之中的地方为依托治理人民，天下万国都会和谐，王也容易成功。

营洛是承夏，是"绍上帝"，这是精神上或宗教上的心理战。但是，如果没有现实的战略考量，仅仅是宗教或精神的原因，可能还是显得迂阔，不足以解释武王、周公在政治上的谋略。事实上，洛邑的建设，还有更深层次的资源方面的原因。

商周文明是以青铜器为标志的。商代的青铜艺术水平非常高；周人在克商之前，没有什么青铜器，而克商之后，很快就有大型青铜器出现。周人显然是接管了商人的工匠和技术。但更重要的，可能是接管了青铜矿产的来源。还有一个很重要的现象，是西周时代，青铜器基本都出自西周王朝的贵族，诸侯国的青铜器基本上没有发现。但进入春秋以后，周王朝贵族的青铜器很少，诸侯国的青铜器占了主流。这些现象说明，铸造青铜器的权力和矿产资源，基本上是被西周王朝垄断的。鼎被看作王权的象征，可能就是这个原因。

在商代，青铜矿产资源的中心是在长江流域。著名的如江西铜岭、湖北铜绿山，在商代就已经被开发。湖北黄陂盘龙城遗址，就是商人在长江流域建立的一个青铜铸造中心。盘龙城处在水陆交通的要冲，且易于接近附近地区的铜矿。随着长江地区逐渐被商王朝所控制，王室大概日益依赖于该地区的铜矿资源。商代晚期和西周早期的青铜器曾经在长江中游临近铜矿的地方发现，上面还有王室成员的名字，这或许意味着商王派出王室成员来到长江流域以加强对铜矿的控制。[③]

还有一个非常重要的问题，是日常生活的盐。商周时期大陆上产盐的地区，目前所知，似乎只有晋南的盐池。仅此一点，就可以理解晋南盆地对于西方民族周和内陆国家夏来说，有多么的重要。商的疆域广大，《商颂·长发》说“相土烈烈，海外有截”，商汤以后，商人即使不能直接控制，它的附属国或者影响力可以达到环渤海地带的海盐产区，是毫无疑问的。

周人克商，并不仅仅是道义上除残去暴的事件，更是关系到重大政治和经济利益的事件。洛阳地区是周人进入中原地区的必经之路，进可以克商，退可以守住西向门户，进出自如。西周时期的禹鼎有“殷八师”的名称，小克鼎有“成周八师”，可见洛阳作为交通枢纽和军事据点的地理价值。

周人克商后，对于长江流域的资源控制，可以通过鲁宋之间的平原地带，进入淮河流域；也可以从郑州沿着汝颍到淮河下游；也可以从郑州往南经许昌、驻马店、信阳，进入长江流域。

洛汭在嵩山的北侧。转弯可以直接进入到嵩山的东侧，这是淮河支流汝水、颍水流域的上游，传说中夏都阳城所在，也是商代初年偃师、郑州这些都邑所在。考古遗址有王城岗、新砦、平粮台等遗址，其文明源远流长。沿着汝水、颍水这些河流，可以很容易进入淮河流域。西周中期彔卣铭文说：“淮夷敢伐内国，女其以成周师氏戍于古师。”可见洛阳在对付淮夷方面的战略地位。

这个地区的南边就是南阳盆地。只要越过伏

牛山，或者绕过平顶山，就可以进入南阳盆地。到达南阳盆地，就可以直接南下进入汉水和长江流域，而盘龙城就在汉江口（今属湖北武汉）。因此，洛阳地区可以作为处于丰镐地区的西周王朝控制长江、淮河流域的一个重要军事或资源中转的据点。这是控制青铜资源的一个大战略。

武王谋划、周公营建的洛邑，是西周初年的一项重大战略部署，是要转移夏商以来以冀州（黄河环绕的山西南部、河南北部地区）为中心的政治格局，将政治重心西移，确立周人自己的政治中心。而洛阳在地理上又恰好是“四方入贡道里均”的天下之中，具有某种宗教的象征意义。因此，把洛阳称作“中国”，就成为周人的政治宣传。

近些年出土的战国楚简中有一篇《保训》，其中讲到文王以自古相传的“中”训诫武王。这个“中”的内涵，已经有很多学者的讨论，笔者也发表过一点看法，认为这个“中”有强烈的宗教色彩，它是记载着天命的一种特殊载体，是上天与受命之君沟通的一种“信物”。[④]这篇简文对舜所得之“中”做了很详细的描述，从这一描述来分析，这个“中”至少有两个特点：

第一，“中”跟舜自己反省自己的“志”有关，不违于庶万姓之多欲，也就是说，舜的“中”是与天下万民同欲；

第二，“中”可施于上下远迩，可以测阴阳之物，看来可以使整个世界都和谐。

这两个特点，都可以在传世文献中得到验证。《左传·成公十三年》说：

> 刘子曰：“吾闻之，民受天地之中以生，所谓命也。是以有动作礼义威仪之则，以定命也。能者养以之福，不能者败以取祸。是故君子勤礼，小人尽力。勤礼莫如致敬，尽力莫如敦笃。敬在养神，笃在守业。国之大事，在祀与戎。祀有执膰，戎有受脤，神之大节也。今成子惰，弃其命矣，其不反乎！”

这是认为民之命，取决于天地之中，从而产生动作礼义威仪之法则。如果君子勤礼，小人尽力，就可以“定命”，可以养神，可以守业。如此推论起来，“定命”也就是“得中”。

《周礼·地官·大司徒》有测地中之说：

以土圭之法测土深，正日景以求地中。日南则景短多暑，日北则景长多寒，日东则景夕多风，日西则景朝多阴。日至之景尺有五寸，谓之地中，天地之所合也，四时之所交也，风雨之所会也，阴阳之所和也。然则百物阜安，乃建王国焉，制其畿方千里而封树之。

“地中”，是“天地之所合也，四时之所交也，风雨之所会也，阴阳之所和也”，跟《保训》的说法非常相似，但神话的色彩淡化多了，是一种比较朴素的理论。这应该是建都洛阳的较晚出的理论说明。较早的说明，是《尚书·召诰》中周公的说法：

王来绍上帝，自服于土中。旦曰：“其作大邑，其自时配皇天，毖祀于上下，其自时中乂，王厥有成命治民。”

周公是以配天毖祀，成命治民来解释“中国”的。

非常凑巧的是，《度邑》篇武王对洛汭地区的战略思考，正好是接续《保训》所讲述的内容；或者说，《保训》解释了武王把洛汭当作“中国”这一思想，其实是遵循了文王所告诫的“求中”的训诫。《保训》的发现，提醒我们，洛阳地区成为天下之中的观念，是周的统治者“求中”的结果。

这样，在西周初年，由于政治、军事、资源、地理各方面的原因，使得武王和周公把洛汭确定为“中国”。这个中国的概念，是一个带有浓厚的宗教色彩或者说意识形态的概念，根据《保训》这样的文献，可以知道它应该是借鉴了自尧舜以来的“中”的思想。这种思想，把本来是方位观念的“中”，跟民性联系起来，从而跟天地万物联系起来，相信天地万物之间存在着以“中”为原则的和谐精神。古书所言“中道”（包括“中庸”），都始于尧舜（见《论语》《中庸》等）。如果这种观念不是自古就有的，而是武王周公发明的，那么，就很难以此慑服人心，也就失去了宗教意义。因此，几乎可以肯定，这种思想在西周以前就早已存在。在西周初年，武王、周公以“中国”的概念确立了“中”的这种思想，使得“中国”这个概念成为政治学中的一个核心思想，它可以不断地把周围的民族和版图吸纳到这个概念体系中来。这个概念也为各个历史时期的统治者所利用，对于“天下”的朝贡体系的形成和确立有着重要意义。更重要的，是这个概念从此深入人心，成为“中国”这个国家的人民根深蒂固的一种信仰：信仰自己是得“天地之中”的人民。这跟《圣经》中的希伯来民族宣称自己是上帝的选民，可能具有同样的宗教意义。[5]

注释：

①乂：音yì，治理。

②原文作“阳”，当作“易”，形近而误。“易”指地势平坦。

③刘诗中、卢本珊：《铜岭古铜矿性质探讨》，《华夏考古》1997年第3期。后德俊：《商王朝势力的南下与江南古铜矿》，《南方文物》1996年第1期。刘诗中、卢本珊：《江西铜岭铜矿遗址的发掘与研究》，《考古学报》1998年第4期。李延祥：《中条山古铜矿遗址的初步考察研究》，《文物季刊》1993年第2期。刘莉、陈星灿：《城：夏商时期对自然资源的控制问题》，《东南文化》2000年第3期，第45—60页。

④徐刚：《论清华简〈保训〉之“中”》，《国学研究》第33期，2014年。

⑤本节的内容，徐刚《试论早期“中国”观念的形成》一文有详细的论述，文载《岭南学报》复刊第10辑，2018年。

七、敬德保民

关于“德”的概念，应该在商代就已经出现。甲骨文中已经出现从“彳”从“直”的“德”字，不过由于没有上下文，它是否就是道德意义上的“德”，还不能完全确定。从《尚书》来看，一般认为比较可靠的《商书》中的《盘庚》篇，出现了十次，而且都是道德的“德”。所以我们还是有把握说，最晚在商代，就已经有“德”这个词了。但是，把“德”作为一个意识形态的概念，提出德治思想的，还是以周公为代表的西周初年的政治家。

周公的德治思想，集中表现在《尚书》的几篇《周诰》中。这种思想的提出，既有社会变革时代不得不然的原因，也与周公个人作为一位特殊的知识分子的身份有关。

所谓社会变革时代不得不然的原因，是指对传统的天命观的改造已经势在必行。在商代社会，政权的合法性的最终依据是：王是上帝之子，是天子，身上寄托着天命。天命的传承是通过人间帝王的血缘关系代代相传，因而也就不可更改。例如《尚书·西伯戡黎》说，周人占领了向商都进军路上的重要据点黎国，商人震惊：

> 祖伊恐，奔告于王，曰："天子！天既讫[①]我殷命！格人元龟，罔敢知吉。非我先王不相后人，惟王淫戏，用自绝。"……王曰："呜呼！我生不有命在天？"

又《墨子·兼爱下》引《尚书·泰誓》云：

> 纣夷处，不肯事上帝鬼神，祸厥先神祇不祀，乃曰："吾有民有命。"

《尚书·酒诰》记载周公批评商王纣亡国，也说：

> 在今后嗣王酣，身（信）[②]厥命，罔显于民，祇保越怨不易。

后来继承王位的纣王，耽乐于酒，相信他的天命（是永恒不变的），对于百姓没有显示什么德行，只是安于仇恨，不肯改变。

在这样的意识形态下，周人灭商，不仅仅是人间王权的更迭，更是“皇天上帝，改厥元子”（《召诰》）的天命变革。周人为自己政权的合法性辩护的根本出发点是“惟命不于常”（《康诰》）。《诗》《书》中多次提到天不可信，天命无常的思想，例如《君奭》：“天不可信，我道惟宁（文）王德延，天不庸释于文王受命。”《大雅·文王》：“侯服于周，天命靡常。”《大雅·大明》：“天难谌斯，不易惟王。”《大雅·荡》：“天生烝民，其命匪谌。靡不有初，鲜克有终。”谌就是信，言天命难信。

既然天命是商末周初的意识形态，要想从宗教上消除人们对于皇天上帝的信仰，是难以服众的，也是不明智的做法。周公一方面承认了殷商以来对于作为至上神的皇天上帝的信仰；另一方面又指出，皇天上帝保护下民的根本依据，不是血缘关系，也不是上帝的私爱，而是统治者是否“敬德”，天命会因为统治者是否“敬德”而随时发生变革。《召诰》说：

王敬作所，不可不敬德。我不可不监于有夏，亦不可不监于有殷。我不敢知曰，有夏服天命，惟有历年；我不敢知曰，不其延，惟不敬厥德，乃早坠厥命。我不敢知曰，有殷受天命，惟有历年；我不敢知曰，不其延，惟不敬厥德，乃早坠厥命。……今天其命哲，命吉凶，命历年。知今我初服，宅新邑，肆惟王其疾敬德。王其德之用，祈天永命。

这样一来，周公既保留了传统对于“上帝”和“天”的信仰，又把天命传承的血缘依据转化为统治者是否“敬德”，巧妙地完成了意识形态从“天命”向“德治”的变革。

敬德是一个抽象的原则，在政治生活实践中，需要变成具体的作为。在周公的德治思想中，敬德就体现为保民。这样的思想，在《尚书》中经常可以见到。例如《泰誓》说：

天佑下民，作之君，作之师，惟其克相上帝，宠绥四方。

这是说，上天佑护人民，给人民立了君主，立了长官，不是为了君主和长官们的享乐，而是要他们帮助上帝，给人民好的生活，让四方安宁。因此，“天视自我民视，天听自我民听”。

上天并不倾听君主和长官们，而是以人民的眼为眼，以人民的耳为耳，与民同欲。

> 天矜于民，民之所欲，天必从之。

上天哀矜人民，人民想做的事情，上天必然成就他们。周公在《酒诰》中说：“古人有言曰：人无于水监，当于民监。”这就是早期中国以民为本的民本思想。

在民本思想中，神人关系是以人为本的。他们认为，鬼神会保佑人，但人也是鬼神的依靠，鬼神保佑人，是看人是否有德。《左传·僖公五年》虞国的贤臣宫之奇云：

> 臣闻之：鬼神非人实亲，惟德是依。故《周书》曰：“皇天无亲，惟德是辅。”又曰：“黍稷非馨，明德惟馨。”又曰：“民不易物，惟德繄物。”如是，则非德民不

和，神不享矣。神所冯依，将在德矣。

可见神人关系的枢纽在于德，而不在于血缘的亲疏、祭品的多少。《庄公三十二年》周太史嚚曰：

吾闻之：国将兴，听于民；将亡，听于神。神，聪明正直而壹者也，依人而行。

德治的根本是听于民，此即《泰誓》"天视自我民视，天听自我民听"之义。《桓公六年》随国的贤臣季梁说：

夫民，神之主也，是以圣王先成民而后致力于神。

宋国的名臣司马子鱼也说过"祭祀以为人也。民，神之主也"（《僖公十九年》）这样的话。

德治的思想，也是从神权政治过渡到民本政治的关键。周公的这一思想变革，开启了我国古代人文主义思想之大门。用傅斯年的话说，周公开启的是"人道主义之黎明"。[3]作为人文主义思想的倡导者圣人孔子，那么推崇周公，也就不足奇怪了。

注释：

①讫，通“迄”，终结。

②“身”应当读为“信”，见拙作《以殷周之际天命观释读〈尚书〉例》，《语言学论丛》第25辑，2002年，第295—304页。

③傅斯年：《性命古训辨证》，《民族与古代中国史》，石家庄：河北教育出版社，2002年第1版，第320页。

八、周公的巫祝身份

周公生活的时代，是早期中国社会从巫祝时代向人文主义时代过渡的阶段。这个时代的一批精英，尤其是以周公为代表的文王、武王、召公、太公等西周初年的政治家，在这个转变中起了非常重大的作用。一方面，他们的身上，或多或少地带有旧时代的巫史文化的痕迹；另一方面，他们又是新时代的先驱，尤其是周公，通过创立一系列的制度，确立了人文主义的精神在社会政治和日常生活领域的基本保障。如果了解了周公在巫史传统中的位置，我们就会更深刻地理解他在社会观念转变中的自觉的努力，我们才会更觉得其思想之伟大。

早期社会的宗教领袖与政治领袖常常是合一的，治理国家的王与大臣往往就是巫。从甲骨文来看，商代仍然是一个神巫色彩非常浓厚的时代。陈梦家曾经指出，商王就是当时群巫之长，也就是最大的巫。他说，卜辞中常有“王卜”“王贞”之辞，乃是王亲自卜问，或卜风雨或卜祭祀征伐田游；又有“王占曰”的卜辞，所占者为雨启霾虹等天时之事、边鄙之事及祸疾之事；卜辞唯有王才占；卜辞说“今日王祝”，是王亲祝；卜辞说“壬子卜，何贞：王舞又雨”，是王亲舞求雨；卜辞说“丁未，王贞：多畏梦，亡来艰”，是王亲占所梦。凡此王兼为巫之所事，是王亦巫也。[①]尽管现在有学者对陈梦家的判断有怀疑，但应该大体符合实际，这是因为传世文献中也有蛛丝马迹可证，例如《尚书·君奭》：

我闻在昔成汤既受命，时则有若伊尹，格于皇天；在太甲，时则有若保衡；在太戊，时则有若伊陟、臣扈，格于上帝，巫咸乂王家；在祖乙，时则有若巫贤；在武丁，时则有若甘盘，率惟兹有陈，保乂有殷，故殷礼陟配天，多历年所。

伊尹、保衡、伊陟、甘盘，这些都是商代著名的贤相，巫咸、巫贤跟他们并列，可见巫在商朝的崇高地位。不仅如此，伊尹、保衡、伊陟、臣扈这些人，或“格于皇天”，或“格于上帝”，他们事实上也仍然具有巫的性质。西周虽然是一个民本思想兴起的人文主义时代，但西周初始的情况，应该与商相去不远，仍然是神巫的观念占统治地位的时代，神巫的观念渗透古代生活的各个方面。即使到了春秋战国时期，巫的政治地位虽然已经大大下降，但仍然具有非常普遍的影响力。瞿兑之曾指出，“凡邑皆有巫”，例如《左传·成公十年》：“晋侯梦大厉……公觉，召桑田巫。”杜注：“桑田，晋邑。”又《襄公十八年》：“中行献子将伐齐，梦与厉公讼……见梗阳之巫皋。”又《隐公十一年》：“赂尹氏而祷于其主钟巫。”盖亦钟邑之巫。又《吕氏春秋》：“管仲病，桓公问焉。仲曰：‘愿君远易牙、竖刁、常之巫。”即常邑之巫。[②]日本学者白川静曾说，周公是古代与王权相对的神巫传统的代表者，他是一个接近于神巫的圣职者，而且是最后一位。[③]认为神巫传统与王权相对，可能有违事实，古代中国社会的王权与神巫毋宁是合一的。不过，说周公是一个接近于神巫的圣职者，却很有启发性。我认为周公是第一位将古代圣人的传统从神巫的传统中脱离出来的圣人。

一方面，西周以来的鬼神的传统，大体上应当从“神道设教”的角度来考虑。周公作为杰出的政治家，他面对的是国家政权。当时所谓“国之大事，在祀与戎”，周公的政治才能，也必然要从祭祀和战争方面表现出来。即使是战争，也始终离不开对于鬼神的祝祷。因此，作为政治家的周公，他的宗教方面的才能，也是其政治才能的一个重要方面。

另一方面，也正因为他是第一个开始脱离神巫传统的圣人，所以也的确有不少证据表明他跟神巫的传统有关系，但这种关系，仅仅是过渡过程中的藕断丝连，而不是停留在神巫的阶段。下面我们就来看看周公身上的巫祝色彩。

周公在文王的众多儿子中，是很有才能的一位。《逸周书·度邑》讲到武王向周公托付后事时，就称“汝维朕达弟”，又说“汝维幼子，大有知”。《史记·鲁世家》说：“自文王在时，旦为子孝，笃仁，异于群子。”孔子也甚称周公之才。

《尚书·金縢》讲了一个具有很浓厚的巫术色彩的周公故事。

克商的第二年，武王生病了。召公和太公说：“让我们在先王面前恭敬地为王占卜吧！”周公说：“还是不要让我们的先王忧虑吧。”周公于是以自己的生命做抵押，来向先王和上天祷告。他清出一块土地作为祭祀的坛场，在上面筑起三个祭坛。祭坛居南向北，周公在祭坛上放上玉璧，手里拿着玉圭，向太王、王季、文王三位先王祷告。

史官于是把周公祷告时的祝词写在简册上，祝词说：你们的长孙，得了重病。假如你们三王的在天之灵，需要他上去服侍你们的话，那就让我来代替他吧。我“仁若考能，多材多艺，能事鬼神；乃元孙不若旦多材多艺，不能事鬼神”，他在上帝那里接受了天命，要安定四方，也要安定你们的子孙于下地，四方的人民，没有不敬畏他的。呜呼！不要毁弃上天所降下的宝贵的天命吧，我们的先王也就永远有所依归。现在我就要向龟占问了，你们如果答应了我的请求，我就拿着玉璧和圭，回去等待你们征召我的命令；你们如果不答应我，我就要把玉璧和圭都扔掉。

于是占卜了三次，全都是吉兆。周公说：“从卦兆看，王不会有危险。我从三位先王那里接到新的命令，要把安定四方的事业永远完成。”周公回去以后，把祝告的简册放在匣子中，并用金线捆束封好。第二天武王痊愈了。

以上是《金縢》之文。文中最值得注意的是，周公在祝词中自称“仁若考（巧）能，多材多艺，能事鬼神”，明说自己事鬼神的能力，而且结果是“王翼日乃瘳”。2010年出版的《清华大学藏战国竹简（壹）》中，也有《金縢》之文，自题为《周武王有疾周公所自以代王之志》。文句有出入，但内容大体相同。[④]对应的句子作“是年若丂能，多才多艺，能事鬼神”，“年”字是“佞”的假借字。佞，即口才好，善于言辞。我们知道，孔子是不喜欢“佞”的，但即便在孔子的时代，“佞”仍然是一个让普通人艳羡的才能。《论语·泰伯》：

> 或曰：“雍也仁而不佞。”子曰：“焉用佞？御人以口给，屡憎于人。不知其仁，焉用佞？”

“或曰”即代表了孔子时代的一般观念。从《金縢》来看，周公也认为“佞”是侍奉鬼神不可缺少的才能，这也是周公时代的一般观念。《论语·雍也》说：

> 子曰："不有祝鮀之佞，而有宋朝之美，难乎免于今之世矣。"

祝鮀就是卫国著名的祝官史鱼，"佞"正是"祝"的必备条件。值得注意的是，周公家族与大祝之官有关。我们在前面的文章中曾经提到西周金文中有"大祝禽鼎"，这个"禽"就是周公之子，鲁侯伯禽。不过这一点，唐兰先生曾经表示过不同意见，他认为：太祝是祝官中的首领，但在奴隶主统治集团中等级并不高。《周礼·宗伯》里的太祝只是中大夫，从卿以下，这是第四级。唐氏认为《周礼》虽是春秋末拟作，但这种等级区分是有根据的，所以他断定这个太祝禽绝非后来封为鲁公的伯禽。[5]唐兰先生的这个看法是值得商榷的。《周礼》的大祝不是顶级的官，并不意味着西周初年也是如此，从殷商到秦汉，祝、宗、卜、史这些天官的地位是不断在下降的。早期的巫权力很大，执掌的范围也广，晚期巫的职能逐渐分化，地位也降低。陈梦家曾指出，殷墟卜辞中，卜、史、祝三者权分尚混合，而卜史预卜风雨休咎，又为王占梦，其事皆巫事而皆掌之于卜史。《周礼》将古之巫事分任于若干官，舞师、旄人、籥师、籥章、鞮鞻氏等为主舞之官，大卜、龟人、占人、筮人为占卜之官，占梦为占梦之官，大祝、丧祝、甸祝、诅祝为祝，司巫、男巫、女巫为巫，大史、小史为史，而方相氏为驱鬼之官，其职于古统掌于巫。[6]因为《周礼》成书于春秋以后，因而，大祝的地位不能跟西周初年相比。鲁侯伯禽担任太祝之官并不足怪。金文中另有鲁侯簋（又称明公簋），铭文就讲到鲁侯在战争中有正确占卜之功：

> 唯王令明公遣三族伐东或（国），才[illegible]，鲁侯又占工（功），用乍（作）旅彝。[7]

占字，卜辞习见，从卜，外像占卜用的牛胛骨的轮廓，本义可能是指兆纹，音zhòu，引申为根据卜兆判断吉凶，作动词。可见这个鲁侯也具有巫祝性质，他当然也是周公家族的，虽然不能肯定是伯禽，但伯禽既为鲁侯，当然也可以担任太祝。

鲁侯簋及铭文拓片

《说文》：“巫，祝也。”祝可以是巫的代称。古书有“巫祝”并称的，如《礼记·檀弓下》：“君临臣丧，以巫祝桃茢执戈，恶之也，所以异于生也。”《庄子·人间世》：“牛之白颡者与豚之亢鼻者，与人有痔病者，不可以适河。此皆巫祝以知之矣，所以为不祥也。”⑧也有以“祝史”代称巫的，例如《左传·襄公二十七年》“其祝史陈信于鬼神无愧辞”，《昭公十七年》“夏六月甲戌朔，日有食之，祝史请所用币”，《昭公十八年》“使祝史徙主祏于周庙”。西周时候大祝之官，当是级别很高的巫。

伯禽的器物还有禽簋（我们在前面也提到过，这里再补充几句），铭文云：

> 王伐侯，周公某（谋），禽祷。禽又㲀（辰）祷，王易（赐）金百寽。禽用乍（作）宝彝。

其中的两个“祷”字，都写作“”，过去都释为祝，恐怕是不对的。这个字的字形跟一般的从示从兄的祝字写法明显不同，像人跪着挥舞两手之形，可能是表示巫祝在祝祷时手舞足蹈之形，应该是祝祷的祷的象形本字。祝字侧重于以言事神，而这个字侧重于以舞事神。舞蹈是巫的一项重要技能。例如《说文》云：“巫，祝也，女能事无形，以舞降神者也。”[9]从上下文的意思来看，大体是表示祝祷之意。某，读为“谋”。成王伐盖侯的战争中，周公谋，禽祷告，禽有好的祝祷，文例正与《诗经·大雅·抑》“吁谟定命，远猷辰告”相合：周公谋，即《诗》的“吁谟”“远猷”，禽又辰祷，即《诗》的“辰告”。[10]古代战争，有祝官跟随。《左传·定公四年》：“君以军行，祓社衅鼓，祝奉以从，于是乎出竟。”《周礼·夏官·大祝》：“大师，宜于社，造于祖，设军社，类上帝，国将有事于四望，及军归献于社，则前祝。”这些材料均可见周公家族的宗教性一面。

值得注意的是，《尚书》的《大诰》篇，是周公二次伐商的总动员令，他首先借助的是占卜的结果，他说：

> 予不敢闭于天降威，用宁（文）王遗我大宝龟，绍天明，即命曰：“有大艰于西土，西土人亦不静，越兹蠢。殷小腆诞敢纪其叙。天降威，知我国有疵，民不康。曰：‘予复。’反鄙我周邦。今蠢（春）今翼日，民献有十夫，予翼以于敉宁（文）武图功。我有大事，休？”朕卜并吉。

“即命曰”的“命”，即“命龟”，是占卜的术语，指向龟发问。从“有大艰于西土”一直到“我有大事，休”，都是命龟之辞，与商代甲骨文体例相同。末尾又说：“天命不僭，卜陈惟若兹。”可见通篇围绕着占卜结果，与金文反映的周公伯禽的巫祝性质相合，可以看作是“远猷辰告”的一个典型例子。

可见，在西周初年的社会背景下，作为政治家的周公和伯禽，仍然保留了过去神巫“格于皇天”的“通天”的巫史色彩。这也是古代国家演变过程中，神巫向祝宗卜史演进的反映。事实上，《金縢》的后半篇巫术色彩更重。文章讲到武王死后，管叔及其群弟散布流言，说周公将不利于成王。成王因此怀疑周公，周公居东避祸，二年，天显异象：“秋，大熟，未获，天大雷电以风，禾尽偃，大木斯拔。”于是成王与大夫开启《金縢》之书，看到周公自以为质以代武王之书，成王幡然悔悟，于是亲迎周公：“王出郊，天乃雨，反风，禾则尽起。……岁则大熟。”

《金縢》后半篇的这些基本内容也见于出土的清华藏战国竹简。从今人的知识水平看，这样的记载当然难以称为信史。但问题是，为什么会出现这种巫风浓厚的记载，而且出现在《尚书》中？笔者认为恰恰是周公本人的巫祝身份使然。

拙作《德之起源》一文提出，“德”本来是指一种天赋的，可以与神沟通、交流的媒介，但并不是所有的人都可以直接与神交通，只有那些具有非常高明的“德”的人才可以。而在早期的人类社会中，具有最高的“德”的人，并不是后世所说的道德品质高尚的人，而是那些巫觋。[11]而掌管天人之际的祝宗卜史这些天官，继承的就是古代神巫的传统。因此巫史、巫祝经常并称，就不奇怪了，如《国语·楚语下》“民神杂糅，不可方物，夫人作享，家为巫史”，《礼记·礼运》“祝嘏辞说，藏于宗祝巫史，非礼也，是谓幽国”。因此，具有巫祝身份的周公，提出德治的政治思想，应该不是偶然的。

有一点非常耐人寻味，按照古书中的说法，文王、周公、孔子，这三位圣人的“大德”似乎都与占卜有关。1973年在湖南长沙马王堆出土的帛书《周易》，其中有一篇叫作《要》的易传说：

> 子曰：《易》，我后其祝卜矣，我观其德义耳也。幽赞而达乎数，明数而达乎德。有仁□者而义行之耳。赞而不达于数，则其为之巫；数而不达于德，则其为之史。史巫之筮，乡之而来也，始之而非也。后世之士，疑丘者，或以《易》乎？吾求其德而已。吾与史巫，同涂而殊归者也。君子德行

焉求福，故祭祀而寡也；仁义焉求吉，故卜筮而希也；祝巫卜筮其后乎？

这是夫子自道。他说自己跟史和巫一样，都研究《易》，但他是从中研究“德义”的。所以他跟史巫是“同涂而殊归”，即途径相同，但目的不同。孔子非常善于从过去的巫史传统中提炼出人文思想来，明白这一点，我们就不难理解他为什么会有“凤鸟不至，河不出图，吾已矣乎”（《论语·子罕》）这样的感叹了。

周公之德与《周易》也有关系，《左传·昭公二年》说：

> 春，晋侯使韩宣子来聘，且告为政而来见，礼也。观书于大史氏，见《易》《象》与鲁《春秋》，曰：“周礼尽在鲁矣，吾乃今知周公之德，与周之所以王也。”

这段话常被用来引证鲁国是周文化的保存者和继承者。不过，我们可以进一步提问：鲁《春秋》也许记载了周之所以王，从中也许可以看出周公之德；但为什么从《易》《象》中也可以看出周公之德呢？传统上有周公作《易传》的说法，至少在当时有很多人认为《易传》与周公有关。从《金縢》《大诰》和西周金文的材料看，周公显然是精于占卜的。韩宣子说他从《易传》中能看出周公之德，这跟孔子从《周易》中“观其德义”“明数而达乎德”颇有相通之处。

文王显然也是精于卜筮的。司马迁就说“文王拘而演《周易》”（《报任安书》），《汉书·艺文志》也有文王作《易经》上下篇的说法。周人盛称文王之德，周公说“我道惟宁（文）王德延”，《诗》说“于乎不显文王之德之纯”（《维天之命》）。古人认为占卜的蓍龟也具有“德”，“蓍之德圆而神，卦之德方以知”（《系辞上》），正暗示了占卜与德之间的关系。⑫

我们在这里揭示周公、文王在巫史方面的特点，绝不是要贬低他们，相反，正是这种特点，才显示出他们是新时代的先知先觉者，更可以让我们体会到他们在从巫史时代过渡到人文时代的过程中自觉的努力和建设。真正的圣人，大概就是这样可以自觉地掌控时代潮流的伟大人物吧？

注释：

①陈梦家：《商代的神话与巫术》，《燕京学报》第20期，1936年，第535页。

②瞿兑之：《释巫》，《燕京学报》第7期，1930年，第1332—1333页。

③［日］白川静：《周公旦》，《白川静著作集》第6卷，东京：平凡社，1999年第1版，第518—519页。

④见《清华大学藏战国竹简（壹）》，上海：中西书局，2010年第1版。

⑤唐兰：《西周青铜器铭文分代史征》，北京：中华书局，1986年第1版，第40页。

⑥陈梦家：《商代的神话与巫术》，《燕京学报》第20期，1936年，第534页。

⑦此器为清宫旧藏，收录于《西清古鉴》，一名明公簋。

⑧此句意思是说，牛之白额与豚之高鼻者，以及人之有痔病者，都属于不才之类，不可以作为河伯之牺牲，巫祝都明白这一点，所以祭祀时绝不取这些作为祭奠。

⑨晚出的古文《尚书·伊训》有“敢有恒舞于宫，酣歌于室，时谓巫风”的说法。

⑩此字郭沫若释为臤（贤），见《两周金文辞大系图录考释》，上海：上海书店出版社，1999年第1版，下册第11页。“贤祝”虽然与“辰告”意思相近，但字形不合。陈梦家认为从辰从攴，读为辰（陈梦家：《西周铜器断代》，北京：中华书局，2004年第1版，第28页）。此字可能就是辰字，左右两部分本来应该连在一起，剔锈剔坏了笔画。

⑪徐刚著，滨田麻矢译：《德の起源》，日本中文研究会《未名》第29号，2011年，第1—23页。

⑫关于“德”的原始意义及其与“保民”之间的关系、周公的巫祝身份等问题，徐刚《德：从巫到圣——“德”之原始义之转变》一文有详细的论述，文载《北京大学中国古文献研究中心集刊》第12辑，2012年。

九、制度创设

制度创设，是周公对后世最大的贡献。国学大师王国维在他的《殷周制度论》中这样评价周公：

> 殷周间之大变革，自其表言之，不过一姓一家之兴亡与都邑之移转，自其里言之，则旧制度废而新制度兴，旧文化废而新文化兴。又自其表言之，则古圣人之所以取天下及所以守之者，若无以异于后世之帝王，而自其里言之，则其制度、文物与其立制之本意，乃出于万世治安之大计，其心术与规摹，迥非后世帝王所能梦见也。[①]

尽管后来的学者在具体的制度问题上，对《殷周制度论》有很多不同的意见，但从总体上说，王国维的意见还是非常正确的。

讨论周公，有一个困难：关于周以前的历史，尤其是社会制度，我们所知甚少。甲骨文虽然可靠，但仅仅是占卜的记录，难以体现当时的社会制度和政治思想。周公明说“惟殷先人，有册有典”（《尚书·多士》），那些能够体现制度和思想的，无疑是当时记录在简册上的档案和文书，可惜这些材料都没有能够流传下来。今存典籍大多是西周以后的，即便是孔子的时代，也已经说商代“文献不足”，而周则“郁郁乎文哉”。这就容易给人以一种错误的印象，似乎中国的政治制度与文化，在西周初年有一个从无到有的“宇宙大爆炸”，似乎所有的政治制度和文化格局都是由周公开创的。这一点，是需要我们特别加以注意的。

虽然西周以前的历史材料很匮乏，但是我们还是可以看出来，西周的制度和文化在很大程度上是沿袭了商代的制度和文化。比如说西周的外服、内服的诸侯等级和官僚体制，大体上就是继承了商代。《尚书·酒诰》记载商人的制度说：

> 在昔殷先哲王……不敢自暇自逸，矧曰其敢崇饮？越在外服：侯、甸、男、卫邦

伯；越在内服：百僚、庶尹、惟亚惟服、宗工，越百姓里居，罔敢湎于酒。

西周初年著名的青铜器令方彝，铭文中也记录了西周初年的相应制度：

隹十月月吉癸未，明公朝至于成周，出令，舍三事令，眔卿事寮、眔诸尹、眔里君、眔百工，眔诸侯：侯、甸、男，舍四方令。

此器传1929年出土于洛阳东北邙山马坡，今藏美国弗利尔美术馆。铭文中的“诸侯：侯、甸、男”三种诸侯等级，相当于《酒诰》中的“外服：侯、甸、男、卫邦伯”，铭文中的“舍三事令，眔卿事寮、眔诸尹、眔里君、眔百工”（眔是及的意思），相当于《酒诰》中的“内服：百僚、庶尹、惟亚惟服、宗工，越百姓里居”。又《康诰》云：

惟三月，哉生魄，周公初基作新大邑于东国洛；四方民大和会，侯、甸、男邦、采、卫百工，播民，和见士于周。

令方彝铭文拓片

意思也大体相同。可见在这一制度上，西周明显是承袭了商制。

不过，周公的创制也是不容否认的。周公创立的政治制度与文化形态，可以用一句话来概括，就是宗族与国家的一体化。

这可以分为三个大的方面来说明：一是以宗法制度来管理国家；二是以宗族伦理为国家伦理；三是以宗族礼法为国家之法。

先说第一个方面：以宗法制度来管理国家。

宗法社会邦家一体化。这种一体化在《大学》这一篇经典文献中表述得最为清楚：

> 古之欲明明德于天下者，先治其国；欲治其国者，先齐其家；欲齐其家者，先修其身；欲修其身者，先正其心；欲正其心者，先诚其意；欲诚其意者，先致其知。致知在格物。物格而后知至，知至而后意诚，意诚而后心正，心正而后身修，身修而后家齐，家齐而后国治，国治而后天下平。

古人聚族而居，凡是一个宗族，都必须有自己的土地。对于一个人来说，他所居住的土地，是他的宗族的土地。一个宗族有自己的族长，称为“宗子”，在宗族内部，宗子就是宗族成员的君主。不过，如果一个人通过某种方式，比如战功，得到了王或诸侯的赏赐，得到了属于他自己的土地，那么他就可以在这片土地上建立自己的宗族，他成为一个新的宗族的宗子。这个新的宗子在原则上应该臣服于原来的宗族，所以原来的宗族就是新宗族的“大宗”，新宗族就是“小宗”。

周公把周人的这套宗族制度扩展到整个国家。周天子是宗族之首，他是天下之大宗。通过战争，周人的土地不断扩张，他把这些土地分封给自己的亲戚，建立诸侯国，各个诸侯就是一个个小宗族，是周的“小宗”。诸侯在自己的分国之内，又可以把自己的土地作为采邑，分给自己的亲戚去管理，这就是诸侯的卿大夫。所以卿大夫是诸侯的小宗，诸侯是卿大夫的大宗。卿大夫通常不再分自己的采邑，如果卿大夫的家族中有人立了功，那么诸侯可以再另外分封他采邑，他就可以建立新的宗族。没有自己的土地的贵族，就都是士，隶属于天子、诸侯、卿大夫。

这样，整个“天下”的组织就如同一个宗族

组织的扩大。

除了周王的亲属，还有一些异姓功臣，比如说太公望的齐国，或者前代流传下来的诸侯，比如微子的宋国，舜的后裔陈国，等等，这些诸侯国内部也是以宗法制度统属的，他们跟周天子之间虽然没有宗法关系，但是通过相互通婚，成为相互贯通的婚姻网络，从而凝聚成一个以血缘为纽带的文化共同体。所以天下各国之间，都是“兄弟甥舅”之国。周人立了一个规矩，叫作“同姓不婚”，所以周族的诸侯只能跟异姓诸侯通婚。

由此可见，当时的“天下”，就是一个宗法制度组织起来的大国家。周天子在同族之内，他既是宗子，又是君主，也就是宗统与君统合二为一。各个诸侯在其国内，也是如此。周天子对于异姓来说，他不是宗子，只是君主，但是这个君主是有甥舅之亲的君主，是亲亲原则下的君主。

如此，天下一家。那些既非姬姓，又不通婚的，基本上是夷狄，在血缘和文化上都没有直接必然的义务，只有理论上的朝贡。

宗子，或者说宗族中的君主，是宗法制度的核心。从基本的人情来讲，谁都想成为君主，这是人人想要争夺的位置。因此，继承制度又成为宗法制度中的核心部分。

商代的继承制度是以兄终弟及为主，以子继为辅，无弟然后传子。但是这个制度存在很严重的问题，王国维分析说：

> 兄弟之亲本不如父子，而兄之尊又不如父，故兄弟间常不免有争位之事。特如传弟既尽之后，则嗣立者当为兄之子欤？弟之子欤？以理论言之，自当立兄之子；以事实言之，则所立者往往为弟之子。此商人所以有中丁以后九世之乱，而周人传子之制，正为救此弊而设也。然使于诸子之中可以任择一人而立之，而此子又可任立其欲立者，则其争益甚，反不如商之兄弟以长幼相及者犹有次第矣。故有传子之法，而嫡庶之法亦与之俱生。②

所以周人的制度就是嫡长子继承制。嫡长子若死，则立其同母弟，若无嫡子，则立长，所谓“立子以贵不以长，立嫡以长不以贤”。

从甲骨文反映的情况来看，商代已经有直系

和旁系之别，已经有嫡与庶的区别。嫡长子继承制度，可能是周公确立的。太王传位少子王季，文王传位次子武王而非长子伯邑考，武王也曾经想传位给周公，但是周公立成王，从此周人的嫡长子继承制度就成为制度确立下来。

再说第二个方面：以宗族伦理为国家伦理。

宗族内部都是亲人，因此，宗族伦理的最基本伦理就是亲亲。推而论之，国家的政治也是以亲亲为第一原则。分建诸侯首先是同姓宗族，异姓诸侯虽然也都结成姻亲关系，但其地位不能跟同姓诸侯相比，凡事必先同姓，后异姓。宗族内部的亲疏关系也存在，离自已血缘关系越近的，当然越亲。亲属关系维持在五代之内，第六代就算亲尽，不再有实际的礼仪往来。

任用卿大夫为官，也是先从宗族内部选拔。因此，西周的国家，掌握关键权力的，一般都是本族当中的贤人。别的宗族中特别有贤能的人，如果得到任用，一般也都是有点亲戚关系的。比如武王时候最重要的三位大臣：周公、召公和太公。周公是武王的弟弟，召公是姬姓族人，太公则是姻亲姜氏的家族。当然，在宗族内部，在选拔官吏时，要讲“贤贤”的原则，否则就难以治理国家了。《论语·微子》有一则讲周公的用人原则：

> 周公谓鲁公曰："君子不施其亲，不使大臣怨乎不以。[3]故旧无大故，则不弃也。无求备于一人。"

这个原则很符合宗法制度的要求。

第二个原则是尊尊。尊尊有两种，一是地位之尊，二是年纪之尊。在宗法制度下，每个人都有自己的身份，父子、兄弟、夫妻、嫡庶，不同辈分之间，有着严格的尊卑关系；天子、诸侯、卿大夫、士、平民，等级分明；各级官职也不容上下颠倒。但是年纪之尊也很重要，尤其是族人的聚会，往往不以族人的官职高低为次序，而是以年纪的长幼为序。

第三个原则是男女有别。所谓男女有别，主要是指分工上的有别。女人主要负责家庭内部的事务，男人则负责家庭以外的宗族、社会事务。男人在必要的时候可以干预家庭内部事务，但是女人却不能干预外部事务。《尚书·牧誓》记载武王指责商纣王的一条罪状是"今商王受，惟妇言是用”，他说：“古人有言曰：‘牝鸡无晨。牝鸡之晨，惟家之索。’”看来，这是古代宗族社会长期形成的一个传统，也成为女子不可干政的原则。《诗经》的第一篇是《关雎》，《毛传》阐述了这个政治原理：“雎鸠，王雎也，鸟挚而有别。”“后妃说君子之德，无不和谐，又不淫其色，慎固幽深，若关雎之有别焉，然后可以风化天下。夫妇有别则父子亲，父子亲则君臣敬，君臣敬则朝廷正，朝廷正则王化成。”《毛诗》的《序》也说：“《关雎》，后妃之德也，风之始也，所以风天下而正夫妇也。故用之乡人焉，用之邦国焉。”

宗族之内，男女有别，还涉及“同姓不婚”的原则。婚姻只有跟异姓结合，有利于将“天下”联结成为一个亲属共同体，也具有政治意义。

第四个原则是教化。宗族之内，在上位者和长者，负有教导下位者和幼者的职责。因此，宗法制度下的国家伦理，也是以教化为主，刑罚为辅。教化讲究榜样，在上位的尊者必然要以身作则，尤其是族长和君主。《诗经》赞美文王，说他“型于寡妻，至于兄弟，以御于家邦”（《大雅·思齐》)，就是说他能作为榜样影响自己的妻子，然后影响到自己的兄弟，以至于整个国家的人民。孔子也多次阐述过这个原理，《论语·颜渊》云：

> 季康子问政于孔子，孔子对曰："政者，正也。子帅以正，孰敢不正？"
>
> 季康子患盗，问于孔子。孔子对曰："苟子之不欲，虽赏之不窃。"
>
> 季康子问政于孔子曰："如杀无道以就有道，何如？"孔子对曰："子为政，焉用杀？子欲善而民善矣。君子之德风，小人之德草，草上之风必偃。"

又《论语·为政》云：

> 举直错诸枉，则民服；举枉错诸直，则民不服。

所以，在这个以宗族伦理为国家伦理的机制中，执政者、长官、族长的道德，至关重要。这是古代德治的根本。德治是依赖于人而行的，《中庸》云“文武之政，布在方策，其人存则其政举，其人亡则其政息”，《孟子·公孙丑上》云“尊贤使能，俊杰在位”。这一直被很多现代人批评，用人治而不用法治。但是有法家倾向的荀子也说过同样的话，《荀子·君道》云“有治人，无治法”。实际上，就算是法治，也需要人去执行，人的道德素质、专业素质决定了法律的实行情况。没有合适的人，就算是法治，仍然是一句空话。因此，在政治生活中强调人的道德，永远是必不可少的。

这样，整个国家就是一个宗族化的理念组织起来的社会。这也是《大学》这一篇所阐述的邦家一体化的伦理基础。

再说第三个方面：以宗族礼法为国家之法。

由于宗族具有相当的独立性，所以国家权力在一般情况下不直接干预宗族事务，这实际上是认可了宗族制度具有国家法律的效力。《左传·成公三年》有一个故事，很能说明问题。晋楚争霸，晋国的六卿之一荀首（别名智首，史称智庄子）的儿子荀罃（即智罃，史称智武子）被俘，晋人跟楚人提出交换俘虏，楚人同意了。荀罃离开楚国前，楚王问他：“你回去以后，怎么报答我呢？”荀罃说：

以君之灵，累臣得归骨于晋，寡君之以为戮，死且不朽。若从君之惠而免之，以赐君之外臣首；首其请于寡君，而以戮于宗，亦死且不朽。若不获命，而使嗣宗职，次及于事，而帅偏师，以修封疆。虽遇执事，其弗敢违，其竭力致死，无有二心，以尽臣礼，所以报也。

荀罃说回去以后，先要经过晋国国君的判决；如果国君把他交给自己的父亲荀首来处理，那么荀首就会向国君请求，在荀氏宗族杀之；如果国君同意，那就杀；但国君也可能赦免他，让他重新担任宗族的职务。那么以后如果在战场上再次遭遇楚军，他一定要竭力死战，以此相报。

荀罃说得很复杂，是因为有程序上的问题，国君在形式上有最终的处置权。但实际上，国君常常并不直接干预，而是交给宗族去处理。宗族之长在程序上也还是要再次向国君请示，但这只是个形式而已，实际还是交给宗族自己处理。

贵族社会有个原则，叫作“刑不上大夫，礼

不下庶人”。所谓刑不上大夫，并非是说大夫以上就没有法律制裁，而是说，一般情况下，宗族的内部的礼法可以自己处置，不需要动用国家层面的刑罚。这既给贵族留下了尊严，又保证了社会秩序的正常运转。但这并不意味着国家无法，国家的法典俱在，但一般只处理那些超越了宗族内部冲突的问题。《左传·文公十八年》鲁国大史克对文公说：

> 先君周公制《周礼》曰：“则以观德，德以处事，事以度功，功以食民。”作誓命曰：“毁则为贼，掩贼为藏。窃贿为盗，盗器为奸。主藏之名，赖奸之用，为大凶德，有常无赦。在《九刑》不忘。”

《九刑》也见于《逸周书·尝麦》：“维四年孟夏，王初祈祷于宗庙，乃尝麦于大祖。是月，王命大正正刑书。”“太史策《刑书》九篇以升，授大正。”可见周的《九刑》，的确有可能是周公所定。大史克的这段话，也隐含着礼法相辅相成的意思。过去很多讲西周礼乐文明的学者，愿意讲礼，不大愿意讲法。其实礼乐文明本来就是礼法相济的，无论是国家层面还是宗族层面，都不可能只有礼，没有法。《左传·昭公六年》叔向说，夏有《禹刑》，商有《汤刑》，周有《九刑》，叔向认为只有乱世才会作这种刑法，所以他也反对子产铸刑书。孔子跟叔向的态度一样，后来晋国也铸刑书于鼎，公之于众，他也反对。

孔子有一句非常著名的话，见于《论语·为政》：

> 子曰："道之以政，齐之以刑，民免而无耻；道之以德，齐之以礼，有耻且格。"

这句话常被后来的儒家理解为孔子只要以德治国，以礼治国，根本不需要政和刑。但这恐怕是误会。儒家文献中特别强调德和礼，不愿意说刑和法；孔子的话，包括《论语》《礼记》等所记，又都简短，的确容易给人这样一种错觉。但以德治国，只是从积极的、正面的角度来公开提倡的；刑和法是针对已犯错误或难以教化的，这样的人任何时代都不可能没有。只要孔子具有一点点现实感，他就不可能要求废弃政和刑。如果按照荀子的说法，那么他当大司寇才一个星期，就杀了鲁国的大夫少正卯，何尝废弃了刑？孔子只是认为国家不能公开提倡，如果公开提倡刑和法来让老百姓遵守，那么，老百姓就会想，只要不犯法，我就可以做，结果就是“免而无耻”。以德治国是以教化为先，他公开宣扬的是道德伦理；如果公开宣扬刑和法，那就必然会降低道德伦理在民众心目中的地位，法律的条文就不胜其烦了。从客观上说，任何法律都有漏洞，所以即使是现代法治社会，也是以公民道德教育为基础的。

在宗法制度下，每个人都是宗族的一员，在宗族中，提倡刑和法显然是不合适的，充满温情的德和礼不但可以提供基本的秩序，而且可以凝聚家族情感。所以，周公制礼作乐，完全是在宗法制度的背景下，如果是在战国以后的地域国家的背景下，他就不能制礼作乐，他只能“制刑作法”了。

在春秋晚期，宗法制度仍然存在，但是国家这个层面已经逐渐脱离了宗法制度的局限，开始进入自由竞争，任人唯贤，建立地域国家的阶段。在地域国家的层面，德和礼就只能退居辅助的地位，刑和法就突显其必要性。相互根本没有血缘关系的人群，没有刑和法来明确责任和义务，是没有竞争力的，子产公布法令，晋国铸刑鼎，都证明了这一点，后来商鞅变法的成功，更证明了这一点。

所以，周公创立的以宗族礼法为国家之法的原则，在春秋晚期已经走向崩溃。叔向与孔子都是传统的贵族立场，难以想象如果宗法的制度和伦理不再适用于国家层面那会导致怎样的结果，他们觉得一定是天下大乱，所以孔子哀叹“礼崩乐坏”，他也许真的看不到希望，不过，他也许比我们一般人都更清楚地看到了地域国家的结果，只不过他不喜欢而已。

孔子不喜欢，并不是他思想落后，相反，他的思想可能非常超前。历史已经证明，周公所创立的宗法制度的国家秩序崩溃之后，崇尚实力，自由竞争，富国强兵的社会，是一个“争地以战，杀人盈野，争城以战，杀人盈城，此所谓率土地而食人肉，罪不容于死”（《孟子·离娄上》）的社会，其顶峰就是一统九州的暴秦。这是不折不扣的“乱世”。

我们中国古代的圣人，并非不懂得刑与法的功能，也并非不懂得德与礼的不足，在秩序与自由之间，如何能够让民众的生活有基本的福祉可言，这可能是永恒的难题。

注释：

①王国维：《观堂集林》卷十，《王国维全集》第八卷，杭州：浙江教育出版社；广州：广东教育出版社，2010年第1版，第303页。

②王国维《殷周制度论》，同上书，第305页。

③施，通“弛”，疏远，放弃。以，任用。

十、不朽之周公

西汉伏生所传授的《尚书大传》这样概括周公的事迹："周公摄政，一年救乱，二年克殷，三年践奄，四年建侯卫，五年营成周，六年制礼作乐，七年致政成王。"[①]尽管实际的年份未必那么整齐，但很清楚地罗列了周公所做的几件大事。周公摄政第七年，天下大局已定，他就归政成王，"退休"了。

退休后的周公，据说是种田去了，因为《尚书·洛诰》篇中记载他致政成王时，说"兹予其明农哉"，明农据说是努力农事的意思。他去世后，成王将他葬在文王的墓地附近，表示周公是文王的臣子，我不敢以其君自居。

《左传·襄公二十四年》记载鲁国叔孙豹与晋国范宣子讨论何谓"不朽"，范宣子自夸说，我们范氏从古至今，不是诸侯就是卿大夫，世世显赫，绵延不绝，真可谓"不朽"。但是叔孙豹说：

> 豹闻之："大上有立德，其次有立功，其次有立言。"虽久不废，此之谓不朽。若夫保姓受氏，以守宗祊，世不绝祀，无国无之，禄之大者，不可谓不朽。

所谓"立德"，是指以自己的德行为先，化育万民，泽被苍生，其流风遗韵，甚者及于千秋万载。这样的人，不可能是一般平民百姓能够做到的，他必然有巨大的影响力，有王侯的势位才有可能。所以立德，不是简单的做一个道德高尚的人而已，他必须要有能力把自己的德行变作恩泽，加诸万民，而且远远超越一姓一族的范围。《论语·雍也》云：

> 子贡曰："如有博施于民而能济众，何如？可谓仁乎？"子曰："何事于仁，必也圣乎！尧、舜其犹病诸！夫仁者，己欲立而立人，己欲达而达人。能近取譬，可谓仁之方也已。"

“立德”，就是子贡说的“博施于民而能济众”，孔子说，这已经远远超越了“仁”的标准，进入了“圣”的境域。古人所说的圣，就是立德的人。

按照儒家的标准，这些立德的人，恐怕只有尧、舜、禹、汤、文、武、周公、孔子，这圣圣相传的道统链条上的圣人。

所谓“立功”，也不是后人一般意义上讲的“成就一番大事业”。所谓不朽的功勋，不是建立在个人的欲望和野心之上的扬名立万，有功于己，而是指有功于民。例如传说夏代发明车的奚仲，教导周民族稼穑的后稷，公平正直的法官皋陶，和谐音律的音乐家夔，以仁爱治国的郑国政治家子产，尊王攘夷的春秋霸主齐桓晋文，等等。这些“成功人士”，成就的也都是人民之功，而非一己之功。

至于“立言”，也不仅仅是一般意义上的有所著述而已。所谓不朽的言论，也必须是究天人之际，通古今之变，窥见宇宙人生的真理的一家之言，像鲁国的智者臧文仲，史学家左丘明，先秦诸子，司马迁，等等。对于普通人来说，恐怕立言是最实际的可能。

周公无论是立德、立功还是立言，都是当之无愧的不朽的圣人。王国维在《殷周制度论》中这样评价周公创立的西周王朝：

> 凡有天子、诸侯、卿大夫、士者，以为民也。有制度、典礼，以治天子、诸侯、卿大夫、士，使有恩以相洽，有义以相分，而国家之基定，争夺之祸泯焉。民之所求者，莫先于此矣。且古之所谓国家者，非徒政治之枢机，亦道德之枢机也。使天子、诸侯、卿大夫、士，各奉其制度、典礼，以亲亲、尊尊、贤贤、明男女之别于上，而民风化于下，此之谓“治”，反是则谓之“乱”。是故天子、诸侯、卿大夫、士者，民之表也；制度典礼者，道德之器也。周人为政之精髓，实存于此。②

宗法制度的道德，是从基本的人情伦理关系出发而生成的道德意识，它具有一定的普遍意义。现代国家物质文明发达，富有的国家能够建立社会保障体系，使得个人的生活能够不依赖于家族和家庭而得到基本的保障，这减轻了家族和家庭的负担，同时也瓦解了旧有的家族内部成员之间相互扶持、相互关爱的义务和温情。随之而来的弊端，是现代人前所未有的孤独。如何能够解决这个弊端，现代政治文明似乎并没有非常重视。无论如何，在传统社会中，宗族的存在，无论是在经济上，还是在感情上，都是人的最重要的依托，可能也是传统社会最理想的组织方式。中国社会的稳定性，可能就是这个原因。秦汉以后，即便地域国家形成了，在底层的民众基本的生活方式，依然是宗族组织。

由此看来，周公不但自觉地推动了中国社会从蒙昧的巫史时代走向理性的人文时代，而且，他创立的西周王朝，造就了中国三千年传统社会的基本组织方式和道德意识形态。对于中国历史和文化的影响如此深远，周公恐怕是唯一的。

注释：

①《通鉴外纪》卷三引。

②王国维：《殷周制度论》，《王国维全集》第八卷，杭州：浙江教育出版社；广州：广东教育出版社，2010年第1版，第317页。

参考书目

［日］白川静：《周公旦》，《白川静著作集》第6卷，东京：平凡社，1999年第1版。

陈梦家：《商代的神话与巫术》，《燕京学报》第20期，1936年。

陈梦家：《西周铜器断代》，北京：中华书局，2004年第1版。

陈梦家：《殷虚卜辞综述》，北京：中华书局，1988年。

［清］崔述撰著，顾颉刚编订：《崔东壁遗书》，上海：上海古籍出版社，1988年第1版。

傅斯年：《民族与古代中国史》，石家庄：河北教育出版社，2002年第1版。

辜堪生、李学林：《周公评传》，成都：四川大学出版社，2006年第1版。

郭沫若：《两周金文辞大系图录考释》，上海：上海书店出版社，1999年第1版。

郭沫若：《中国古代社会研究》，《郭沫若全集·历史编》，北京：人民出版社，1982年第1版。

后德俊：《商王朝势力的南下与江南古铜矿》，《南方文物》1996年第1期。

李延祥：《中条山古铜矿遗址的初步考察研究》，《文物季刊》1993年第2期。

[日]林泰辅：《周公と其时代》，东京：名著普及会，1988年复刻初版。

[日]林泰辅著，钱穆节译：《周公》，《钱宾四先生全集》，台北：联经出版公司，1994年版，第26册。

刘莉、陈星灿：《城：夏商时期对自然资源的控制问题》，《东南文化》2000年第3期。

刘诗中、卢本珊：《铜岭古铜矿性质探讨》，《华夏考古》1997年第3期。

刘诗中、卢本珊：《江西铜岭铜矿遗址的发掘与研究》，《考古学报》1998年第4期。

钱穆：《周公与中国文化》，《钱宾四先生全集》，台北：联经出版公司，1994年，第18册。

瞿兑之：《释巫》，《燕京学报》第7期，

1930年。

唐兰：《西周青铜器铭文分代史征》，北京：中华书局，1986年第1版。

王国维：《殷周制度论》（《观堂集林》卷十），《王国维全集》第八卷，杭州：浙江教育出版社；广州：广东教育出版社，2010年第1版。

徐刚著，滨田麻矢译：《德の起源》，日本中文研究会《未名》第29号，2011年。

徐刚：《德：从巫到圣——“德”之原始义之转变》，《北京大学中国古文献研究中心集刊》第12辑，2012年。

徐刚：《论清华简〈保训〉之“中”》，《国学研究》第33期，2014年。

徐刚：《试论早期“中国”观念的形成》，《岭南学报》复刊第10辑，2018年。

徐刚：《以殷周之际天命观释读〈尚书〉例》，《语言学论丛》第25辑，2002年。

出版说明

“新编历史小丛书”承自上世纪60年代吴晗策划的“中国历史小丛书”，其中不少名家名作是已经垂之经典的作品，一些措辞亦有写作伊初的时代特征。为了保持其原有版本风貌，再版过程中不做现代汉语的规范化统一。读者阅读时亦可从中体会到语言变化的规律。

新编历史小丛书编委会

图书在版编目（CIP）数据

周公 / 徐刚著．— 北京：北京人民出版社，2022.11
（新编历史小丛书）
ISBN 978-7-5300-0535-4

Ⅰ．①周… Ⅱ．①徐… Ⅲ．①周公—生平事迹 Ⅳ．①K827=24

中国版本图书馆 CIP 数据核字（2021）第 196018 号

责任编辑　王铁英
责任营销　猫　娘
责任印制　陈冬梅

新编历史小丛书

周公
ZHOUGONG
徐刚　著

出　　版　北京出版集团
　　　　　北京人民出版社
地　　址　北京北三环中路 6 号
邮　　编　100120
网　　址　www.bph.com.cn
总 发 行　北京出版集团
印　　刷　北京汇瑞嘉合文化发展有限公司
经　　销　新华书店
开　　本　880 毫米 ×1230 毫米　1/32
印　　张　4.125
字　　数　56 千字
版　　次　2022 年 11 月第 1 版
印　　次　2022 年 11 月第 1 次印刷
书　　号　ISBN 978-7-5300-0535-4
定　　价　24.80 元

如有印装质量问题，由本社负责调换
质量监督电话　010-58572393